HANNAH GOLD

DER LETZTE BÄR

Mit Illustrationen von Levi Pinfold

Aus dem Englischen von Sylke Hachmeister

VON HACHT

MIX
Papier | Fördert gute Waldnutzung
FSC® C083411

Klimaneutral
Druckprodukt
ClimatePartner.com/15724-2101-1002

Deutsche Erstausgabe
1. Auflage 2022

Aus dem Englischen von Sylke Hachmeister
Lektorat: Diana Steinbrede
Die Originalausgabe erschien unter dem Titel
The Last Bear bei HarperCollins *Children's* Books
ein Imprint von HarperCollins*Publishers* Ltd Großbritannien

Druck und Bindung: CPI books GmbH, Leck
ISBN: 978-3-968626-014-3

www.w1-vonhacht.de
www.instragram.com/vonhacht_verlag

Für meine Eltern, den Planeten
und Eisbären auf der ganzen Welt

Longyearbyen
Spitzbergen
428 km
Walross-
bucht
Riesige
Felsen
Bäreninsel

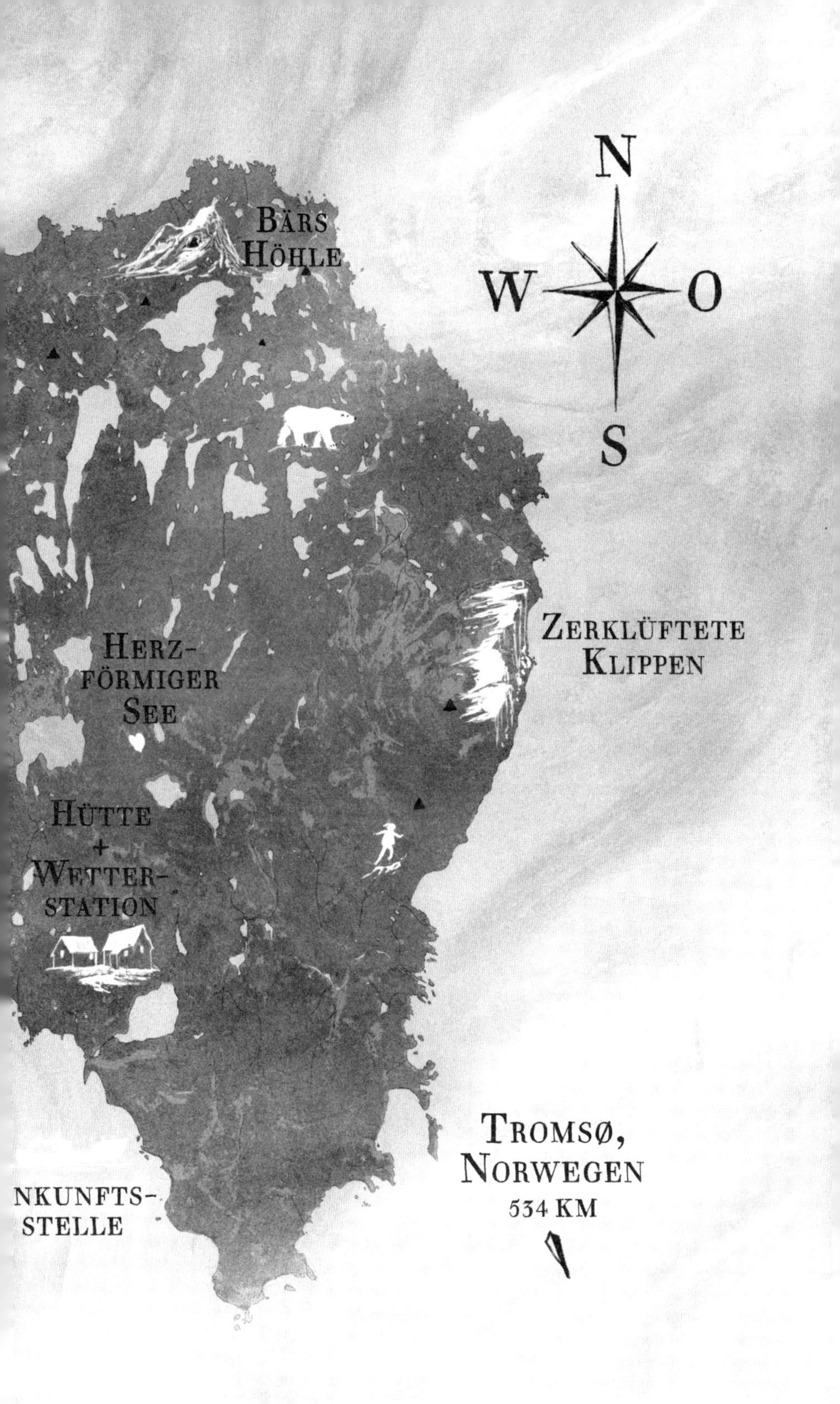
N
W
O
S
BÄRS HÖHLE
HERZ-FÖRMIGER SEE
ZERKLÜFTETE KLIPPEN
HÜTTE + WETTER-STATION
NKUNFTS-STELLE
TROMSØ, NORWEGEN
534 KM

Erstes Kapitel

Der Brief

Genau drei Wochen nachdem April Wood auf der Bäreninsel angekommen war, stand sie dem Eisbären gegenüber. Doch erst einmal musste sie sich auf die Reise zur Bäreninsel machen, und die bahnte sich etwa vier Monate vorher an.

Bis dahin hatte Aprils Alltag eine gewisse Normalität, auch wenn sie sofort zugegeben hätte, dass es eine ziemlich seltsame Normalität war. Ihr Vater arbeitete als Wissenschaftler an einer Universität in der Nähe und verbrachte seine Tage damit, die Gesetzmäßigkeiten des Wetters zu erforschen. Ähnlich unvorhersehbar wie das Wetter kam und ging er zu ganz unterschiedlichen Zeiten – manchmal kehrte er um elf Uhr abends nach Hause zurück, und manchmal machte er sich auf den

Weg, wenn April gerade aus der Schule kam. Oft arbeitete er am Wochenende und hatte dann in der Woche drei Tage frei. Selbst an seinen freien Tagen verkroch er sich in seinem Arbeitszimmer und beugte sich über verstaubte alte Bücher mit so winziger Schrift, dass es in den Augen wehtat. Wenn April ihm eine Kanne Tee oder das Abendessen brachte, schüttelte er den Kopf, nahm die Brille ab und schaute sie interessiert an, als hätte er ganz vergessen, dass er auch noch eine Tochter hatte. »Oh«, sagte er dann. »Vielen Dank … April.« Dann versenkte er sich wieder in sein Buch und nagte an seinem Stift, und April schloss leise die Tür hinter sich.

April war erst vier gewesen, als ihre Mutter starb, und wenn sie an sie dachte, war es, als erinnerte sie sich an einen wunderschönen Sommerurlaub vor langer Zeit. Ihr Vater hatte nicht wieder geheiratet, und das sah man dem Haus auch an. Es war hoch und schmal und wirkte ein bisschen traurig und ungehobelt, und drinnen war es immer kalt. Über allem lag eine dünne Staubschicht und das schreckliche Gefühl, dass etwas fehlte – ein Gefühl, das April nie so recht in Worte fassen konnte.

Und so verbrachte sie die meiste Zeit im Garten, wo in dem wilden, ungezähmten Brombeerstrauch eine

Fuchsfamilie lebte. Vor allem ein Fuchs faszinierte sie, und sie nannte ihn Braveheart, weil er wagemutiger war als die anderen und ihr einmal beinahe Erdbeeren aus der Hand gefressen hätte. Im Garten verflog die Zeit im Nu, unterbrochen nur durch die Schule. April mochte die Schule nicht, oder die Mädchen in der Schule mochten April nicht. Sie wusste nicht, ob es daran lag, dass sie nach Fuchs roch oder dass sie die Kleinste in der Klasse war, oder vielleicht daran, dass sie sich die Haare mit der Gartenschere schnitt. So oder so machte es April nicht besonders viel aus, denn sie hatte Tiere ohnehin lieber als Menschen. Sie waren einfach freundlicher.

Dann kam der Brief.

April saß im Schneidersitz auf dem Wohnzimmerfußboden und aß ihre Cornflakes, während ihr Vater einen marmeladetriefenden Toast über der Tageszeitung balancierte. Es war Ende November, und als mit einem dumpfen Schlag die Post auf der Matte landete, rannte April zur Tür. Vielleicht war es eine Weihnachtskarte von Granny Apples? Sie schickte ihre Karten gern früh, und sie war Aprils Lieblingsoma, weil sie nach warmem, zuckrigem Kuchen roch und am Meer wohnte.

Statt einer Weihnachtskarte fand April einen großen,

dicken Briefumschlag mit der Aufschrift OFFIZIELLE REGIERUNGSANGELEGENHEIT und einer norwegischen Briefmarke.

Sie legte ihrem Vater den Umschlag neben den Teller, und er nahm ihn gedankenverloren, um hineinzubeißen. Als er merkte, was es war, bekam sein Gesicht einen seltsamen Ausdruck, als hätte jemand seine Augen verzaubert.

»Was ist das?«, fragte April.

»Wir fahren zum nördlichen Polarkreis«, sagte er blinzelnd, während er den Brief las. »Ich hab die Stelle bekommen. Ehrlich gesagt hab ich nicht damit gerechnet – ich dachte, sie würden sich für jemanden aus der Gegend dort entscheiden. Aber anscheinend hat mein Forschungsbericht über die Studie zur Erdatmosphäre sie überzeugt. Es ist eine Wetterstation auf einer kleinen Insel, ungefähr eine Tagesreise mit dem Schiff von der norwegischen Küste entfernt.«

April hüpfte auf der Stelle und fragte: »Was für eine Insel? Wie viele Menschen leben da?«

»Ah.« Er senkte betreten den Blick. »So eine Insel ist das nicht. Also … da wird außer uns niemand sein.«

»Nur wir beide?« Ein Prickeln durchfuhr sie. »Ganz allein auf einer Insel?«

Er beugte sich vor. »Stell dir vor, was für Abenteuer wir erleben werden. So wie in dem Film über Scott und seine Fahrt in die Antarktis. Auf der Insel ist es ganz anders als hier – da gibt es Seen, Berge und Flüsse. Stell dir vor, April. Die letzte große Unbekannte. Da gibt es keine Autos, keine Züge, keine Flugzeuge. Nicht mal Straßen! Es ist die reine, unberührte Wildnis.«

Er brauchte gar nicht weiterzusprechen, denn ihr Herz eilte ihr schon voraus. Sie wären am nördlichen Polarkreis, und nicht nur das: Sie hätten ganz viel Zeit zusammen, nur sie beide. Was sie dort alles unternehmen konnten! Schneemänner bauen, Schlitten fahren und …

»Meine Arbeit wird natürlich äußerst wichtig sein«, fügte ihr Vater mit ernster Miene hinzu, und ihr Magen schrumpfte ein kleines bisschen.

»Was arbeitest du da?«

»Die norwegische Regierung möchte genauere Aufzeichnungen darüber, wie sich die globale Erwärmung auf den arktischen Raum auswirkt. Das heißt, ich werde sechs Monate lang die Messdaten überwachen.«

April wusste über das Abschmelzen der Polkappen Bescheid. Es machte sie genauso wütend wie die Fuchsjagd und gab ihr das gleiche Gefühl von Ohnmacht.

»Und was ist mit der Schule?«, fragte sie.

»April.« Er beugte sich vor. »In sechs Monaten in der Arktis lernst du mehr, als du in der Schule je lernen könntest.«

Sie betrachtete ihn genauer. Seine Augen strahlten, und auf den Wangen hatte er zwei rosige Flecken. Wieder durchfuhr sie dieses Prickeln.

»Wann geht es los?«

Natürlich teilten nicht alle ihre Vorfreude. Granny Apples rief dreimal täglich an, um ihnen zu sagen, wie leichtsinnig sie seien. Dächten sie überhaupt an die Eiseskälte, die hochhaushohen Wellen, die mörderischen Walrosse mit ihren spitzen Stoßzähnen, die sie in einem Dokumentarfilm von David Attenborough gesehen hatte, oder an die Gefahren auf einer Insel ohne Krankenhaus und ohne Arzt, ohne irgendjemanden, der ihnen aus einer Gefahr helfen könnte?

Das sei einfach nicht das Richtige für ein elfjähriges Kind, sagte sie. Schon gar nicht für ein so sensibles Mädchen wie April, die ja dank ihres Vaters schon reichlich verwildert sei. Wie könne er nur meinen, es sei zu ihrem Besten, auf einer einsamen Insel zu leben? Wenn es da wenigstens warm und sonnig wäre!

Aber Aprils Vater konnte stur sein, wenn er wollte. Er stellte die Ohren auf Durchzug.

»Meine Güte, Edmund«, schimpfte sie. »Sie heißt Bäreninsel. Wenn das Kind nun gefressen wird?«

Er versuchte ihr zu versichern, dass es auf der Bäreninsel keine Bären gebe, doch Granny Apples hörte gar nicht zu.

»Wenn du einen Eisbären siehst, April«, sagte sie, »dann RENNST du.«

Am 1. April brachen sie zur ersten Etappe ihrer Reise auf. Sie wollten ein Flugzeug nach Oslo nehmen, dort umsteigen und zu einer kleinen Stadt namens Tromsø fliegen – und von dort ging es dann mit dem Schiff zur Bäreninsel. Als das Flugzeug abhob und die Nase nach Norden richtete, drückte April das Gesicht ans Fenster und schaute hinab auf ihr Zuhause, wie es immer kleiner wurde.

Jetzt ging es also los.

Auf zum nördlichen Polarkreis!

Zweites Kapitel

Bäreninsel

»Du weißt schon, dass dein Vater unverantwortlich ist, oder?«

April zuckte vor Schreck zusammen und stieß sich den Ellbogen an der eisernen Reling. Die Möwe, die ihr eben noch Kekskrümel aus der Hand gefressen hatte, flog mit einem entrüsteten Kreischen davon.

Neben ihr stand der Junge, der im Hafen von Tromsø laut geflucht hatte, als er die komplette Mozart-Sammlung und den Plattenspieler ihres Vaters auf das leicht angerostete norwegische Frachtschiff gehievt hatte, das sie zur Bäreninsel bringen sollte. Er war der Sohn des Käpt'ns und vielleicht zwei, drei Jahre älter als sie. Von Nahem roch er nach Salzwasser und Motoröl und noch etwas anderem, das sie nicht einordnen konnte. Aber

seit ihrer Abreise war sowieso alles anders – wilder und leerer –, also roch er vielleicht gar nicht ungewöhnlich.

Trotzdem. Was er gesagt hatte, war nicht in Ordnung und verdiente keine Antwort. Abgesehen davon traute sie sich nicht zu sprechen, denn das Erdnussbutterbrot, das sie gegessen hatte, drohte wieder hochzukommen.

»Ich würd mich an deiner Stelle mal hinlegen.« Der Junge zeigte auf die Bank unter dem Bug. »Das hilft gegen die Seekrankheit.«

Misstrauisch beäugte April die harte Holzbank. Doch als sie erneut würgen musste, legte sie sich lieber darauf. Jetzt sah sie nur noch den Himmel, und wenigstens war sie hier vor dem gnadenlosen Wind geschützt, von dem ihr Gesicht schon ganz rot und rau war. Sie erwartete, dass der Junge sich verzog, doch stattdessen setzte er sich ans Ende der Bank und pulte den Dreck unter seinen Fingernägeln hervor.

»Er ist nicht unverantwortlich«, sagte sie, als ihr Magen sich ein wenig beruhigt hatte. »Er ist Wissenschaftler.«

»Das ist ja noch schlimmer.« Der Junge schaute sie an.

»Mein Vater hat gesagt, dass die Wetterstation auf der Insel schon seit 1918 bemannt ist.«

»Ja! Aber nicht mit einem … Mädchen.«

»Warum sagst du *Mädchen* in diesem Ton?« April setzte sich empört auf. »Nur weil ich kein Junge bin, bin ich noch lange nicht schwach. Ich bin mal den Kastanienbaum in unserem Garten ganz hochgeklettert, um die Nachbarskatze zu retten!«

Darauf sagte der Junge nichts. Stattdessen lachte er schallend und beschrieb mit den Armen den riesigen Wolkenhimmel, das raue, wilde Meer und ein Gefühl, als wären sie selbst nicht einmal auf der Erde. »Was weißt du über diesen Teil der Welt?«, fragte er, als er fertig gelacht hatte. »Warst du schon mal so weit im Norden?«

»Ich weiß, dass du ein unfreundlicher Junge bist«, sagte April. »Und ich weiß, dass ich an deiner Stelle sehr viel hilfreichere Tipps auf Lager hätte. Außerdem fürchte ich mich nicht vor dem Unbekannten.«

Da wurde sein Gesicht weicher. »Tör«, sagte er und streckte die Hand aus. »Nimm's mir nicht übel. Mein Vater und ich leben schon so lange am Meer, dass wir manchmal vergessen, wie man sich als Mensch benimmt.«

»April. April Wood.«

Sie schüttelte seine Hand, die sich anfühlte wie altes Seil, aber auch seltsam beruhigend. Wie eine Hand, die sie aus einer schwierigen Situation retten könnte.

»Ist die Insel gefährlich?«, fragte sie leise.

»Sie ist wild«, sagte Tör. »Und alles, was wild ist, ist gefährlich.«

»Aber Eisbären gibt es dort nicht, oder?«

Tör schüttelte den Kopf. »Seit Jahren nicht mehr. Aber warum guckst du so traurig? Eisbären sind keine freundlichen Tiere. Die würden dich mit Haut und Haar fressen.«

April tat so, als würde sie aufs Meer schauen, nicht auf sein albernes Grinsen.

»Deinen Trick mit der Möwe kapiere ich übrigens nicht.«

»Was für einen Trick?« April wandte sich wieder zu ihm.

»Wie du sie dazu gebracht hast, dir aus der Hand zu fressen.«

»Das ist kein Trick«, sagte sie ärgerlich. »Ich hab einfach gelernt, den Tieren zu zeigen, dass sie mir vertrauen können.«

Tör zog eine Augenbraue hoch, doch sein Blick verriet Neugier.

»Es kommt darauf an, dass man ihnen zuhört«, erklärte sie und legte eine Hand aufs Herz. »Hier drin.«

»Du bist schon speziell«, sagte er.

»Dann bin ich nicht bloß ein Mädchen?«

Tör lächelte, und es war ein so breites Lächeln, dass April es unwillkürlich erwiderte.

»Wenn ihr erst mal auf der Insel seid, kommt ihr da nicht mehr weg. Das ist dir klar, oder?«, sagte er und senkte die Stimme. »Erst wenn wir euch in sechs Monaten wieder abholen.«

April hatte das Gefühl, dass hinter seinen Worten noch etwas anderes steckte. Sie war sehr geschickt darin, zu verbergen, was sie eigentlich sagen wollte, vor allem bei ihrem Vater, und hatte deshalb einen sechsten Sinn dafür, wenn andere dasselbe machten. Sie wartete darauf, dass er es aussprach, denn was es auch war, sie wollte es gern hören. Doch schließlich holte er einen Bleistiftstummel und einen zerknitterten Briefumschlag aus der Jackentasche und kritzelte seine Nummer auf die Rückseite.

»Auf der Bäreninsel ist es hart. Pass auf dich auf, April Wood«, sagte er. »Und falls du mich irgendwann mal brauchen solltest, wähl einfach diese Nummer.«

Sie konnte sich nicht vorstellen, weshalb sie ihn brauchen sollte, aber sie steckte den Umschlag für alle Fälle ein. Dann sah sie Tör nach, wie er sich zu seinen Kameraden mit den kräftigen Armen und Beinen, wettergegerbten Händen und stoischen Gesichtern gesellte, neben denen ihr Vater aussah wie aus Pergament. Seit sie den Hafen verlassen hatten, hockte er umgeben von

Büchern in ihrer gemeinsamen Kabine, um sich auf seine neue Arbeit vorzubereiten. Und weil sie wusste, dass er nicht gestört werden wollte, und weil es in der Kabine nach Makrele roch, legte sie sich wieder auf die Bank und schlief ein.

»Land in Sicht!« Der Ruf schallte über das Schiff wie Hochzeitsglocken. »Land in Sicht!«

Mit noch traumschwerem Kopf rappelte April sich hoch, und dann musste sie zweimal blinzeln, um sicherzugehen, dass ihre Augen sie nicht täuschten. Vor ihr auf dem Deck stand Tör, ein Stück Brot auf der ausgestreckten Hand. Als er den Blick zum Himmel hob, wirkte er genauso hoffnungsvoll wie sie an ihrem ersten Schultag. Intuitiv beugte sie sich zu ihm.

»Du musst dich ein bisschen leichter machen, und du darfst nicht die Luft anhalten.«

»So?« Er ließ die Schultern sinken und den Arm hängen.

»Eher innerlich«, erklärte April. »Als wärst du aus Wasser. So sanft und weich. Ja, so. Schön locker. Jetzt nicht bewegen. Sie ist direkt über dir. Ganz ruhig und ...«

»Tör!«, brüllte der Käpt'n über das Deck, und die Möwe schoss kreischend in den Himmel.

April wich zurück. Sie wusste nicht, was sie von dem Käpt'n halten sollte. So jemand war ihr noch nie begegnet.

»Du störst hoffentlich unsere Gäste nicht«, sagte er mit einem neugierigen Blick auf das Brot in Törs Hand. »Wir brauchen deine Hilfe am Bug.«

Tör ließ das Brot fallen und rannte davon. April saß mit angehaltenem Atem da, während der Käpt'n sie musterte. Sein Gesicht hatte etwas Grimmiges, als wäre er an die wilden Meere des Nordens so gewöhnt, dass er vergessen hatte, wo sie anfingen und er aufhörte. Ausnahmsweise einmal war April froh darüber, dass sie klein war, fast unsichtbar.

Ohne ein weiteres Wort marschierte er davon, und April atmete erleichtert auf.

Auf dem Deck wimmelte es von Matrosen mit ihren schnellen, kundigen Handgriffen. Tör war nirgends zu entdecken, aber Aprils Vater war unübersehbar. In seiner Tweedjacke und seiner gebügelten Anzughose – die eisigen Temperaturen schienen ihm nichts auszumachen – lehnte er sich über den Bug des Schiffs und schaute ehrfürchtig zum Horizont. Sie ging zu ihm, und selbst über den Meeresgeruch hinweg nahm sie den vertrauten Duft der Anisbonbons wahr, die er gern lutschte.

»Dad?«

»Wir sind da, April! Wir sind da!«, sagte er, ohne den Blick abzuwenden. »Wir haben es geschafft.«

Er zeigte auf etwas, doch sie sah nichts als Gischt und stahlgraue Wellen. Und da war eine Ahnung, dass sie einen verbotenen Teil der Welt betraten.

»Ist sie nicht schön?«

Da endlich kam die Insel in Sicht, wie wenn man am Rädchen eines Fernglases dreht und auf einmal alles gestochen scharf wird.

»Die Häreninsel«, sagte er leise und voll ehrfürchtigem Staunen.

Drittes Kapitel

Ein Zeitgeschenk

»Da wären wir.« Inmitten von Kisten und Koffern stand Aprils Vater auf dem windumtosten Strand und schaute sich um. »Wie gefällt es dir?«

Aprils Lippen schmeckten nach Salzwasser, Schneeflocken hingen in ihren Wimpern, und die Insel war in einen dicken, nassen Nebel gehüllt, durch den kaum etwas zu erkennen war. Trotz alledem spürte sie ein elektrisches Summen in ihren Adern. Sie hatten es geschafft.

Sie waren wirklich *im* nördlichen Polarkreis.

Es war, als hätte sie eine unsichtbare Grenze auf der Erde überschritten. Verglichen mit den Parks, den Hecken und der fruchtbaren grünen Landschaft zu Hause war das Land hier kahl und karg, und das einzige

Zeichen von Vegetation war der dunkle Ginster, der durch den Schnee lugte. Auf der anderen Seite der Insel erkannte sie schwach drei große, steile Granitberge und darüber den Himmel, wie eine Leiter ins All.

Vor allem aber war es kalt. Eine Kälte, die unter die Kleider kriecht, sodass man von innen heraus zittert und sich nach einer Wärmflasche sehnt.

»Und?«, fragte ihr Vater wieder.

April nahm die erstbeste Kiste, hob das Gesicht zum Himmel und streckte die Zunge heraus, um Schneeflocken aufzufangen.

»Das werden wir bald sehen!«

Die nächsten Stunden verbrachten sie damit, ihr Hab und Gut mit einem Schlitten einen Kilometer ins Land hinein zu ihrem neuen Zuhause zu schaffen, das aus zwei Holzhütten bestand. Eine kleine zum Schlafen und eine größere, in der ihr Vater seinen meteorologischen Forschungen nachgehen konnte.

Sie sahen aus wic alle anderen norwegischen Häuser, die April bis jetzt gesehen hatte – gestrichene Holzbauten mit spitzem Dach, die vom Wispern einer magischen Geschichte umgeben waren. Nur der schwere Generator, der ihnen Strom liefern sollte, störte das Bild.

Die Haustür der Wohnhütte führte in einen kleinen Flur, wo sie ihre Mäntel, Schals und die bittere Eiseskälte lassen konnten. Eine weitere Tür führte in ein längliches Zimmer mit hoher, gewölbter Decke, offenem Kamin und zwei abgewetzten Sofas. Es gab nur diese eine Etage. In einer Ecke des Zimmers stand ein schmales Bücherregal mit einer Handvoll zerlesener

Bücher und einem Satellitentelefon, das nur im Notfall benutzt werden durfte. In der Ecke gegenüber befand sich eine kleine Küche, die in eine Speisekammer mit Regalen voller Konserven und genug Vorräten für die nächsten sechs Monate führte.

Hier und da lagen Hinterlassenschaften der vorigen Bewohner herum. Ein Aschenbecher mit einem Zigarettenstummel. Ein einzelner roter Handschuh. Ein paar Zettel und ein alter Kugelschreiber.

Aber April stach vor allem die Landkarte der Insel ins Auge, die an der Wand hing. Auf einer Weltkarte war die Bäreninsel nicht mehr als ein Bleistiftpunkt irgendwo zwischen Norwegen und einer Inselgruppe namens Spitzbergen nahe dem Nordpol. (Streng genommen gehörte die Bäreninsel auch zu dieser Inselgruppe, aber sie war sehr weit davon entfernt.) Sie war so winzig, dass man sie, wenn man nicht von ihr wüsste, gar nicht sehen würde. Das konnte April nachempfinden. Sie wurde auch oft übersehen.

Obwohl sie die Maße der Insel schon kannte, ging sie näher heran, um die Informationen zu lesen. An der längsten Stelle war die Insel fast zwanzig Kilometer lang und etwa sechzehn Kilometer breit. Der Norden der Insel war bergig, der Süden dagegen weitgehend flach, und dort markierte ein rotes Kreuz die Wetterstation. Es wartete ein riesiger Schatz an Buchten, Stränden und Seen auf sie, und dann waren da natürlich die drei Berge, die sie vom Strand aus gesehen hatte – all das konnte sie in den nächsten sechs

Monaten entdecken und erkunden. Selbst wenn es tatsächlich keine Eisbären gab, lebten hier auf jeden Fall Polarfüchse, Tausende seltener Meeresvögel und vielleicht sogar einige wandernde Wale. Und was vielleicht das Beste war: Sie konnte viel Zeit mit ihrem Vater verbringen.

»Dad! Guck mal, was wir alles zusammen machen können!«, sagte sie atemlos. »Können wir morgen mit dem Schlitten in die Berge gehen?«

Sie wirbelte herum, weil sie dachte, ihr Vater wäre noch im Zimmer, aber da war nur das Echo ihrer Stimme. Sie schluckte die Enttäuschung herunter, spähte zum Fenster hinaus und sah, wie er in die Hütte mit der Wetterstation ging und die Tür hinter sich zuzog.

April stieß einen tiefen Seufzer aus, und das Fenster beschlug von ihrem warmen Atem. Es ist der erste Tag, sagte sie streng zu sich selbst, und er muss sich ja erst mal einfinden. Es gab keinen Grund, sich zu ärgern, denn sie hatten sechs Monate und einen ganzen Sommer vor sich. Also wischte sie das Fenster sauber, straffte die Schultern und beschloss auszupacken.

Ungefähr eine Stunde später war sie auf dem Sofa halb eingedöst und hörte ihren Vater erst, als er direkt vor ihr stand und sich laut räusperte. Sie schlug die Augen auf, und er sah sie nachdenklich an.

»Dad!«

Er fuhr sich durch die wirren Haare, räusperte sich noch ein paarmal, dann drückte er ihr ein ordentlich verpacktes Geschenk in die Hände.

Das war keine ganz so große Überraschung, denn er hatte die Angewohnheit, ihr unerwartete Geschenke zu machen. Das machte seine Zerstreutheit in Sachen Geburtstag fast wieder wett, aber nur fast. Sie packte das Geschenk aus. Es war eine schmale silberne Armbanduhr in der Farbe des Mondlichts.

»Ich weiß …«, sagte er und wählte seine Worte mit Bedacht. »Ich weiß, dass wir hier ganz allein sind, und mir ist schon klar, dass das sehr ungewöhnlich ist und die meisten Leute es nicht unbedingt gutheißen würden. Deine Großmutter jedenfalls nicht.«

Beim Gedanken an die Tränen am Flughafen zog sich Aprils Herz zusammen.

»Aber«, fuhr er fort, »hier gibt es viel Wunderbares. Seit Jahrhunderten zieht es die Menschen in diese Gegend. Manche kommen zu Forschungszwecken. Andere aus Entdeckerlust. Wieder andere aus Gründen, die sie nicht einmal selbst verstehen.« Er schluckte ein paarmal und sah plötzlich so dünn und zerbrechlich aus wie eins seiner Bücher. »Vielleicht bin ich auch deshalb hier – um etwas zu finden, was ich vor langer Zeit verloren habe.«

Bei dem nächsten Wort brach seine Stimme. »*Friluftsliv*«, sagte er, und April sah ihn verständnislos an. »Unsere Sprache mag ja sehr praktisch sein, aber manchmal fehlen ihr die Mittel, gewisse Erfahrungen zu beschreiben – oder Menschen. Das ist ein norwegisches Wort und beschreibt die Freude daran, draußen zu sein. Wörtlich heißt es ›Freiluftliebe‹.« Sein Gesicht wurde weicher. »Das Wort erinnert mich an dich … weil du immer so viel Zeit im Garten verbringst. Manchmal schaue ich dich aus dem Fenster meines Arbeitszimmers an, und … dann könnte ich schwören, deine Mutter zu sehen.«

April nickte, ihr Atem stockte. Sie hatte keine Ahnung gehabt, dass ihr Vater sie manchmal beobachtete, und der Gedanke ließ ihren Magen Rad schlagen.

»Sie hat auch Tiere geliebt, vor allem die in der freien Natur. Sie hatte eine eigenartige Verbindung zu ihnen«, sagte ihr Vater. »Sie behauptete sogar, sie könnten sprechen, doch die meisten Menschen hätten vergessen, wie man ihnen zuhört. So war deine Mutter. Sie war …

anders als andere Menschen. Na ja, was ich eigentlich sagen will … sie wäre wahnsinnig gern mit hierhergekommen. Diese Uhr hat ihr gehört, und ich dachte mir, auf diese Weise kann sie dabei sein.«

»*Friluftsliv*«, wiederholte April leise. Das Wort klang nach Meerjungfrauen, verzauberten Wäldern, himmelsgleich und magisch.

April hatte nur verschwommene Erinnerungen an ihre Mutter. Aber sie wusste noch genau, wie sie Kakao in einer knallroten Teekanne machte, und dann hockten sie zu dritt auf der Kante von Aprils Bett und tranken den Kakao, und dazu aßen sie Vanillepudding von Papptellern, die die Form von Gänseblümchen hatten. Damals war das Haus nicht von Traurigkeit erfüllt gewesen, sondern von Lachen, und ihr Vater vergaß nie, ihr einen Gutenachtkuss zu geben. Anstatt ihr vor dem Einschlafen Geschichten vorzulesen, erzählten die Eltern ihr abwechselnd von den verschiedenen Tieren der Erde: den Elefantenherden, die durch das afrikanische Flachland zogen, den seltenen sibirischen Tigern in den Bergen Asiens, den majestätischen Kaiserpinguinen, wie sie sich zusammenkauerten, um die langen, bitteren Winter der Antarktis zu überleben, und von so seltsamen und ungewöhnlichen

Tieren, dass man hätte meinen können, sie wären nur erfunden – so wie der Pangolin, dessen ganzer Körper aus Schuppen bestand. Erfüllt vom warmen Leuchten der Stimmen ihrer Eltern, schlief April mit einem Lächeln im Gesicht ein und träumte von den vielen Wundern der Erde.

Heutzutage sprach ihr Vater kaum über ihre Mutter, geschweige denn, dass er April Gutenachtgeschichten erzählte, und das Geschenk fühlte sich so an, als hätte er eine warme, wohlige Hand um ihr Herz gelegt.

»*Friluftsliv*«, sagte sie noch einmal und spürte einen Kloß im Hals.

Erst eine Weile später dachte sie daran, nach der Uhrzeit zu schauen.

Es war elf Uhr abends.

Sie blickte auf, doch ihr Vater war schon in sein Schlafzimmer gegangen, und sie hörte, wie er einen langsamen Walzer von Mozart auflegte. Das Lied war auf der Hochzeit ihrer Eltern gespielt worden, und April war sich nie sicher, ob es ihn wirklich aufheiterte oder nicht.

Es gab nichts zu tun, und so ging sie wieder in ihr Zimmer und öffnete das Fenster. Die kalte Luft traf sie wie ein Schlag und tat ihr in den Lungen weh. Ihr Vater hatte gesagt, dass die Temperatur hier selbst im Sommer selten über null Grad stieg, und sie war froh, dass sie so viel zum Anziehen mitgenommen hatten. Der Nebel hatte sich gelichtet und einen blauen Wölkchenhimmel zurückgelassen, und sie schaute sich überrascht um. Wenn auch die Sonne tief am Horizont stand, so war es doch taghell, und die Dämmerung war nicht in Sicht. Während nebenan der traurige Mozartwalzer erklang, entfuhr ihr ein zufriedenes Seufzen. Obwohl es ein langer Tag gewesen war und sie eine anstrengende Reise hinter sich hatten, war April nicht müde. Stattdessen blubberte es in ihrem Bauch von einer Vorfreude wie an Heiligabend. Sie konnte es kaum erwarten, rauszugehen.

Sie ließ den Blick über die fernen Berge schweifen, das wilde Meer zu ihrer Linken und das flache, schneebedeckte Land, das vor ihr lag. Dann sah sie noch einmal hin. Dort am Horizont bewegte sich eine Silhouette vor der Sonne. Nur einen Wimpernschlag lang, so kurz, dass es ihr fast entgangen wäre. Etwas Großes, Schreitendes und gänzlich Unerwartetes.

Das war doch nicht etwa …?

Sie blinzelte noch einmal. Was es auch war, jetzt war es verschwunden.

Doch April hätte schwören können, dass sie gerade einen Eisbären gesehen hatte.

Viertes Kapitel

Entdeckungstour

»Ich gehe die Insel erkunden«, sagte April.

Da es ihr erster richtiger Tag hier war, hatte sie fast den ganzen Vormittag darauf gewartet, dass ihr Vater einen Spaziergang oder irgendein Abenteuer vorschlug. Aber als es Mittag wurde, hatte sie genug vom Däumchendrehen. Sie schlüpfte in ihre Gummistiefel, zog die rote Mütze und die roten Handschuhe an und schaute vielsagend zu ihm hin.

»Hmmmm?« Er war in die Papiere versunken, die sein Vorgänger hinterlassen hatte, und so entging ihm die Bedeutung ihres Blicks. »Ich muss mit den Messungen anfangen. Geh du mal ohne mich.« Umgeben von wichtig aussehenden Logbüchern wedelte er mit der Hand in ihre Richtung zum Zeichen, dass es ihm ziemlich egal war, was sie machte, solange sie ihn nur in Ruhe ließ.

»Willst du wirklich nicht mitkommen?« Sie drückte die Nase ans Fenster. »Es sieht so … wunderschön draußen aus.«

»Ein andermal, April«, antwortete er, ohne auch nur aufzublicken. »Vielleicht, wenn ich weniger zu tun habe. Hier gibt es viel mehr Arbeit als erwartet.«

Zögernd warf sie noch einen letzten Blick über die Schulter und ging hinaus. Die Sonne stand leuchtend am Himmel und ließ den Schnee glitzern wie Sternenstaub, doch die Kälte versetzte April erneut einen Schock. Sie kroch an ihrer Regenjacke herunter, dann über ihre Haut und drang schließlich in ihre Knochen. Doch trotz der Kälte – oder vielleicht gerade deswegen – fühlte sich die Luft sauber an. Sie roch wie frisch gewaschene Bettlaken oder wie das Meer nach einem Sturm.

Der Geruch war so köstlich, dass April ihn tief einsog. Dann marschierte sie in die Richtung, in der sie meinte, den Eisbären gesehen zu haben. Ihr Verstand sagte ihr, dass es vermutlich nur eine Täuschung durch dieses besondere Licht gewesen war, das es in diesem Teil der Welt anscheinend gab. Aber das hielt sie nicht davon ab, der Sache einmal nachzugehen.

Der Gedanke, eine einsame Insel mit einem Eisbären zu teilen, hätte vielen Kindern vielleicht Angst gemacht, nicht jedoch April. So etwas kam ihr gar nicht in den Sinn. Ganz im Gegenteil – sie spürte ein freudig-flimmerndes Glimmen, als wäre sie mit Glitzer überschüttet worden. Hier war die weite Welt, von der ihre Mutter immer gesprochen hatte, und April lebte mittendrin.

Doch nachdem sie eine Stunde gelaufen war, war sie völlig erschöpft, und ihre Hoffnung verpuffte. Obwohl die Landschaft flach war, trat sie mehr als einmal in eine überraschend tiefe Schneewehe und verlor einen Gummistiefel. Sie hatte Thermo-Unterwäsche an, einen dünnen Baumwollpulli, eine Fleecejacke und eine blaue, wasserfeste Hose (ihr Vater hatte eine für ihn und eine für sie als Arbeitskleidung bekommen). Außerdem trug sie ihre rote Regenjacke und ein nagelneues Paar regenbogenfarbene Gummistiefel. Trotzdem waren ihre Socken nass, ihre Nase war rot, und die Augen tränten vom Wind.

»Hallo!«, schrie sie, und ihre Stimme klang merkwürdig blechern in der Leere. »Ist da jemand?!«

Sie spitzte die Ohren und lauschte, hörte jedoch nur das leise Rieseln des Schnees und das ferne Tosen des Meeres.

Es war so ganz anders als zu Hause, wo es das beständige Rauschen des Verkehrs gab, das Brummen der Flugzeuge in der Luft, den Qualm und Gestank der Motoren, das ständige Gewimmel und Gewusel der rastlosen Menschen auf der Straße. Es war noch nicht mal so ähnlich wie auf der Farm von Granny Apples, wo die vielen Bäume voller reifer Äpfel im Wind raschelten, der Duft nach Gebäck in der Luft hing und die fernen Rufe der spielenden Kinder aus der türkisfarbenen Bucht erklangen.

Hier war alles ruhig. Unberührt. Wie ein Foto, in das sie versehentlich hineingeraten war. Abgesehen von den kreischenden Möwen – und vielen anderen Meeresvögeln, die sie nicht kannte – waren ihre Schritte im Schnee das einzige Lebenszeichen weit und breit. Einer Spur aus Brotkrumen gleich schlängelten sie sich hinter ihr her. Es war ein verlassener Ort. Ein Ort, an dem es sehr einsam war, wenn man ihn mit niemandem teilen konnte. Vielleicht hatte Tör das mit seinen warnenden Worten gemeint. Dieses Gefühl, am Rande der Welt zu sein. Das Gefühl, dass sie, wenn sie hochblickte, von dieser Welt in die nächste schauen könnte.

Sie lief noch zwei Stunden, bis es einfach zu kalt war, um weiterzugehen, und ihre Nase sich anfühlte, als würde sie gleich abfallen. Die ganze Zeit hielt sie Ausschau nach einer Spur des Eisbären – sie suchte nach Beweisen wie Bärenkot, erlegten Robben oder Spuren von Tatzen im Schnee – nach irgendetwas, was das flüchtige Bild der letzten Nacht hätte erklären können.

Aber sie fand absolut nichts.

»Warum heißt die Insel Bäreninsel?«, fragte sie beim Abendessen. Sie war nach Hause gekommen und hatte den Rest des Tages vor dem Kamin verbracht, um sich aufzuwärmen. »Wenn es hier doch keine Eisbären gibt?«

Ihr Vater hatte seine Logbücher endlich niedergelegt, und sie saßen Seite an Seite auf dem Sofa und aßen direkt aus der Dose. Es war erst Tag eins, aber sie waren wortlos übereingekommen, dass Teller und Schüsseln für die Mahlzeiten entbehrlich waren.

Er stellte sein Rindergulasch auf den Boden und wandte sich ihr zu. »Weil die Insel vor langer Zeit einmal voller Bären war.«

»Dann hat sie ihren Namen wirklich von den Bären?« April freute sich, seine volle Aufmerksamkeit zu haben. »Ich dachte, es wär vielleicht nur ein Fantasiename.«

»Nein. Es ist wahr.« Ihrem Vater schien es zu gefallen, dass er sein Wissen mit ihr teilen konnte. »Der Name geht auf das Jahr 1596 zurück. Damals gab es den ersten Bericht darüber, dass ein Eisbär auf dieser Insel erlegt wurde. Sie kämpften mehr als zwei Stunden lang mit dem Bären, ehe sie ihn schließlich töteten – und danach gaben sie der Insel den Namen Bäreninsel.«

»Zwei Stunden?«, fragte sie, und ihr wurde weh ums Herz. »Der Arme.«

»So machte man das eben damals.«

April runzelte die Stirn. »Dann gibt es keine Bären mehr, weil die Menschen sie alle umgebracht haben?«

»Das«, sagte er, »und wegen der Polkappe.«

April wusste, dass sich das Packeis teilweise im Winter bildet und im Sommer wieder schmilzt und ein bisschen so aussieht wie miteinander verbundene Puzzleteile auf dem Wasser. Sie wusste auch, dass es früher einmal viel mehr Eis gegeben hatte als heute. Aber sie wusste nicht, was das für die Bäreninsel bedeutete.

»Früher reichte das Eis bis hierher«, erklärte ihr Vater.

»Dann konnten die Bären also im Winter auf die Insel?«

»Genau«, antwortete er. »Eisbären sind vor allem Meerestiere, und das Packeis diente ihnen als Jagdgrund, um Robben zu fangen. Aber jetzt, wo die Polkappen schmelzen, kommen sie nicht mehr so weit wie früher. Deshalb geht die Population der Bären zurück.«

April saß nachdenklich vor ihrer Dose Kichererbseneintopf. (Seit über zwei Jahren war sie stolze Vegetarierin.) »Aber wenn das Packeis hier schmilzt …«

»Geschmolzen ist«, verbesserte ihr Vater sie.

»Geschmolzen ist«, wiederholte sie. »Wenn das Packeis hier geschmolzen ist, heißt das dann, dass nie wieder ein Bär auf die Bäreninsel kommen kann?«

»Nicht, wenn es kein Packeis mehr gibt. Die nächste Bärenpopulation lebt in Spitzbergen, das ist fast 400 Kilometer entfernt. Früher sind sie von dort zur Bäreninsel gewandert, aber so weit können sie einfach nicht schwimmen.«

»Kein einziger?«, fragte sie mit kleiner Stimme und sah den Bären in Gedanken vor sich.

»Kein einziger.«

Fünftes Kapitel

Walrossbucht

In den folgenden Wochen entwickelten die beiden einen Rhythmus. Es war nicht der Rhythmus, den April sich vorgestellt oder gar gewünscht hatte, aber wenigstens war er etwas Vertrautes. Ihr Vater stand frühmorgens auf und ging arbeiten, wofür er auf der Bäreninsel nicht durch eine Stadt voller Verkehr pendeln, sondern nur eine halbe Minute zur Wetterstation hinübergehen musste. Doch weil das Temperaturmessen ein Ganztagsjob war, tauchte er erst spätabends wieder auf.

April hatte immer noch einen letzten Funken Hoffnung, er könnte eines Tages verkünden, sie würden Schlitten fahren oder einen Schneemann bauen oder auch nur einen Spaziergang unternehmen, doch dieser Funke wurde mit jedem Tag kleiner. Mehr als einmal hörte sie ihren Vater über den Berg an Arbeit murren, der von ihm erwartet wurde. In stressigen Zeiten neigte er manchmal zu Wutanfällen. Sie dauerten nie lange, und er meinte es nicht böse, aber sie hatten die Wucht eines Donnerwetters, und so war April immer auf der Hut für den Fall, dass sich zufällig eines gegen sie richtete. Nach einem besonders langen, angespannten Tag bot sie sogar an, ihm bei den Messungen zu helfen, aber er blaffte nur, das sei keine Arbeit für kleine Mädchen. All das bedeutete, dass sie viel Zeit zur freien Verfügung hatte – weit mehr, als ihr lieb war.

Ihre Tage sagen ungefähr so aus:

6 bis 7 Uhr: *Im Bett liegen und die Sekunden zählen, bis sie aufstehen musste. Sie hatten zwar Mitte April, doch im nördlichen Polarkreis war es immer noch bitterkalt, und frühmorgens war es am allerschlimmsten. Vor allem, wenn man die Hausschuhe vergessen hatte.*

7 Uhr: *Frühstück. Normalerweise trockene Haferkekse, die gar nicht so übel waren, wenn man sie dick mit Erdnussbutter bestrich. (April hatte viele Gläser Erdnussbutter mitgenommen.) Aber sonntags aßen sie, worauf sie Lust hatten, und April entschied sich* *meistens für Schokoladenkekse mit einem großen Becher heißem Kakao.*

8 bis 12 Uhr: *Schule, aber nur montags bis freitags.*

Es war natürlich keine richtige Schule. Wie auch? Aber weil Aprils Vater ihren Lehrern versprochen hatte, ihr Heimunterricht zu erteilen, hatte er sechs Lexika mitgenommen – eines für jeden Monat, den sie auf der Insel verbrachten. Das entsprach vermutlich nicht ganz dem, was ihre Lehrer im Sinn gehabt hatten. Die Schrift in den Lexika war winzig, und die Seiten rochen staubig, aber es gab wunderschöne Tierfotos, und, noch wichtiger, April lernte etwas über den Teil der Welt, in dem sie jetzt lebte.

So erfuhr sie, dass das Wort *Arktis* vom Griechischen *arktos* stammt, was *Bär* bedeutet. Sie las auch, dass der nördliche Polarkreis gar kein richtiger Kreis war, sondern eher eine unsichtbare Linie, die über den oberen Teil der Erde und durch viele verschiedenen Länder verlief, darunter Norwegen, Russland, Finnland, Kanada und die USA. Und dass von der gesamten Weltbevölkerung nur vier Millionen Menschen das ganze Jahr über hier lebten – Menschen wie Tör und sein Vater. In solchen Momenten hätte sie gern mit Tör gesprochen und ihm die Fragen gestellt, auf die sie in den Lexika keine Antworten fand. Aber auch wenn er ihr seine Nummer gegeben hatte, war das Satellitentelefon wohl kaum für Fragen der Art gedacht, ob die Sami wirklich hundertachtzig verschiedene Wörter für *Schnee* hatten.

12 Uhr: *Mittagessen. Normalerweise machte April eine Dose Tomatensuppe warm und aß sie mit weiteren Haferkeksen. Ihrem Vater brachte sie seine Suppe in die Wetterhütte – wie April sie jetzt immer nannte – und stellte sie ihm wortlos hin, um ihn nicht zu stören.*
12:30 Uhr bis abends: *Eisbärjagd.*

Denn ganz gleich, was ihr Vater gesagt hatte, sie war nicht bereit, sich einzugestehen, dass es hier keinen Bären gab. Außerdem war ihr Vater ja die ganze Zeit beschäftigt, und so hatte sie etwas zu tun. Also brach sie jeden Mittag auf, bewaffnet mit Fernglas und Kompass, ihren Regenbogen-Gummistiefeln, Mütze, Handschuhen und ungefähr hundert Schichten Klamotten, und suchte den Bären.

Im Laufe der Zeit begann der Schnee am Boden zu tauen, und es dauerte nicht lange, bis sie ihre Schritte nicht mehr zurückverfolgen konnte. Zum Glück hatte ihr Vater ihr beigebracht, wie man den Kompass benutzte, und ihr erklärt, dass sie, wenn sie ihm nach Süden folgte, immer wieder zurück zu den Hütten fand. Er hatte sie lediglich gewarnt, niemals alleine nah ans Meer zu gehen – damit sie nicht von einer Monsterwelle mitgerissen wurde. Das Wasser der Arktis war eisig und würde sie innerhalb weniger Minuten umbringen.

Abgesehen davon hatte sie freie Hand und konnte tun und lassen, was sie wollte.

Natürlich hielt sie ihre Mission geheim. Sie wusste, dass ihr Vater sagen würde, Eisbären seien lebensgefährlich und würden ein Mädchen wie sie nur zu gern fressen. Aber das hielt sie nicht davon ab, weiterzusuchen.

»Wo bist du?«, rief sie. »Wo versteckst du dich?«

Nachdem sie eine Woche immer nur allein unterwegs gewesen war, gestand sie sich widerstrebend dic Wahrheit ein: Ihr Vater und sie waren zwar zu zweit auf der Insel, er verbrachte jedoch so wenig Zeit mit ihr, dass sie ebenso gut ganz allein hätte hier sein können. Trotzdem fühlte sich die Býreninsel allmählich an wie ein Zuhause – wenn auch ein sehr ungewöhnliches. Die Insel hatte ihren ganz eigenen geheimnisvollen Lauf, und ohne dass April sich dessen bewusst war, verblassten die Geräusche und Echos und der Lärm ihres alten Lebens in der Stadt. Das große, dunkle Haus verschwamm allmählich, bis sie sich kaum noch daran erinnern konnte. Selbst das Haus von Granny Apples am Meer verlor seine Farbe. Und die Schule vergaß sie ganz und gar – was allerdings wirklich kein Kunststück war. Sie fühlte sich wie in einer ganz neuen Welt. Fast so, als würde sie in einer magischen Geschichte leben.

Während der Schnee mit jedem Tag weiter schmolz, entdeckte sie Seen, von denen einige so blau waren wie das Meer. Sie sprang über gurgelnde Bäche, die sich einen Weg von den schneebedeckten Bergen bis zum Meer bahnten. Sie lag auf dem Rücken und beobachtete die unzähligen Möwen, wie sie in einem majestätischen weißen Bogen über den Himmel glitten. Einmal sah sie in der Ferne sogar einen einsamen Polarfuchs, reglos und stolz, mit samtweiß schimmerndem Fell. Staunend hielt April den Atem an, während der Zauber der Insel sie umfing.

Jetzt musste sie nur noch ihren Eisbären finden.

»Du bist ein Er, stimmt's?«, sagte sie laut. »Ich weiß,

dass du ein Junge bist. Keine Ahnung, woher. Ich weiß es einfach.«

Manchmal hatte sie das Gefühl, dass er da war und sie beobachtete. Es war kein konkretes Gefühl, eher ein sechster Sinn. Sie spürte, dass sie nicht immer allein war. Doch wenn sie dann aufblickte und sich umschaute, war nichts zu sehen als die Sonne, die Berge und die tosenden Wellen.

Sie hatte schon die halbe Insel erkundet, und an diesem Nachmittag wollte sie eine alte Walfangstation in einer Bucht auf der gegenüberliegenden Seite besuchen, der Walrossbucht. Vor vielen Jahren hatten dort Menschen vergeblich versucht zu wohnen, und diese Vorstellung gefiel ihr. Sie kam an einer Handvoll schimmernder Seen vorbei, während sie in der Ferne die drei Berge sah.

Auf der Karte wirkte die Walrossbucht nicht so weit entfernt, doch der Weg dorthin dauerte viel länger, als April gedacht hatte, und nach fast drei Stunden wäre sie beinahe wieder umgekehrt. Zwar wurde es erst kurz vor Mitternacht dunkel, aber sie war nicht gern so spät noch unterwegs. Am späten Nachmittag senkte sich oft ein geisterhafter Nebel über die Insel und verlieh dem Licht einen unheimlichen gelblichen Ton.

Da hörte sie das Geräusch.

April legte den Kopf schief. So etwas hatte sie noch nie gehört, weder hier auf der Bäreninsel noch zu Hause. Es stammte nicht von einem Menschen. An irgendetwas erinnerte es sie, doch sosehr sie auch überlegte, sie kam nicht darauf. Ganz still stand sie da, ihr Atem kringelte sich wie Rauch in der kalten Luft. Als das Geräusch verstummte, stieß sie einen tiefen Seufzer der Erleichterung aus. Es war kein Geräusch, das man lange hören wollte. Es war tief und kehlig und ließ ihr das Blut in den Adern gefrieren. Doch genauso schnell, wie es verklungen war, ging es auch wieder los. Lauter diesmal.

Als ihr einfiel, woran es sie erinnerte, schnürte sich ihr die Kehle zu: Vor drei Jahren war einmal ein Fuchs mit der Pfote in eine rostige Blechdose geraten und kam nicht wieder frei. Es war das schreckliche, herzzerreißende Geräusch eines Tiers in Not.

»O nein.« Mit klopfendem Herzen überlegte sie. Zurückgehen kam jetzt nicht mehr infrage. Nicht, wenn ein Tier womöglich ihre Hilfe brauchte. Sie war die Einzige, die es retten konnte. Halb rannte sie, halb stolperte und schlitterte sie die letzten paar Hundert Meter. Der Atem brannte ihr in Kehle und Brust, bis sie schließlich in der Walrossbucht ankam.

Ruckartig blieb sie stehen.

Der Nebel schlich schon heran, langsam kroch er über den Boden. Ein Steg ragte in die Bucht, so lange unbenutzt, dass er nur noch eine Reihe aus losen morschen Brettern war. Außerdem stand da eine Holzhütte, deren Tür lose in den Angeln hing, mit längst zerbrochenen Fenstern. Am Ufer lag ein verlassenes altes Fischerboot, daneben ein schweres Stahlseil. Alles war halb in den unheimlichen Nebel gehüllt und sah aus wie eine Szene aus einem Geisterfilm.

Und da erklang wieder das Geräusch.

Viel näher jetzt. So laut und heftig und beängstigend, dass es ihr einen Schauer über den Rücken jagte. Selbst wenn sie hätte weglaufen wollen, hätte sie nicht gekonnt. Sie stand wie angewurzelt da, während jeder einzelne Nerv in ihrem Körper wie elektrisiert war. Die Zeit schien stehen zu bleiben. Die Luft fühlte sich klar und reglos an. Der Wind hatte sich gelegt. Sogar das Meer hielt den Atem an.

Und April wusste, wenn sie jetzt aufschaute, würde ihr Leben nie wieder so sein wie zuvor. Dieser Moment würde sie irgendwie verändern, vielleicht für immer.

Langsam hob sie den Blick.

Und da am Strand, etwa fünfzig Meter von ihr entfernt, war das prächtigste Wesen, das sie je gesehen hatte.

Sechstes Kapitel

Verletzt

Er stand auf den Hinterbeinen, bäumte sich wie ein schneeweißer Hengst zum Himmel auf. Das Kinn selbstbewusst vorgereckt, sah er nicht so aus, als täte ihm etwas weh. Ganz im Gegenteil, man sah ihm an, dass er genau wusste, was für ein Prachtkerl er war.

Die Verbindung aus starken Muskeln und roher animalischer Kraft raubte April den Atem, und sie schlug die Hände vor den Mund, um keinen Schreckenslaut auszustoßen.

»Du bist unglaublich«, flüsterte sie, und unwillkürlich lief ihr eine Träne über das Gesicht. Nicht weil sie traurig war, sondern weil sie nicht wusste, wohin mit diesem gewaltigen Gefühl. Aus dem gleichen Grund musste sie manchmal vor Wut schreien, wenn sie im Fernsehen etwas über die Zerstörung des Amazonas sah; und wenn sie ein schnulziges Buch las, hätte sie manchmal am liebsten ein albernes Lied gesungen; und selbst ein paar Stücke in der Musiksammlung ihres Vaters brachten ihre Gefühle derart in Wallung, dass sie einfach tanzen musste.

Sie schwankte zwischen Ehrfurcht und Staunen und Freude, und all diese Gefühle vermischten sich wie ein Milchshake, sodass ihr ganz schwindelig wurde. Tör hat sich geirrt, dachte sie lächelnd, und ganz kurz wünschte sie, er wäre jetzt bei ihr und könnte den Bären mit eigenen Augen sehen.

»Ich wusste, dass ich es mir nicht einbilde«, sagte sie, als sie endlich ihre Stimme wiederfand.

»Ich hab dich in der Nacht gesehen. Du bist wirklich echt.«

Trotz der Entfernung spitzte der Eisbär die Ohren, als könnte er sie hören. Da seine Ohren viel größer waren als ihre, schloss sie, dass er vermutlich auch besser hören konnte. Er schnupperte in die Luft, seine schwarze Nase zuckte in der Kälte und dem feuchten Nebel. Dann drehte er sich ganz langsam um, und sie schauten sich über den Strand hinweg an.

April erinnerte sich an das Fernglas über ihrer Schulter. Mit kalten, steifen Fingern nahm sie es aus der Hülle und schaute hindurch. Erst sah sie nur verschwommen, dann drehte sie an dem Rädchen, bis der Eisbär scharf zu sehen war.

»Bist du schön«, flüsterte sie. »Du bist das Schönste, was ich je gesehen habe. Guck dich an! Du bist wie …« Sie suchte nach einem Wort, mit dem sie ihn beschreiben könnte, doch ihr fiel nur ein Musikstück ein, das ihr Vater so gern hörte und das April an Vulkanausbrüche, heftige Stürme und tosende Wellen erinnerte. »So bist du«, beschloss sie.

In diesem Moment öffnete der Bär das Maul zu einem gigantischen Brüllen, und selbst aus der Ferne spürte April die Gewalt, die davon ausging, denn es war einer jener Laute, die unsichtbar durch die Luft gleiten und die Membran des Universums in Schwingung versetzen. So ohrenbetäubend war das Brüllen, dass ihre Zähne klapperten und das Fernglas ihr auf die Füße fiel.

Der Eisbär war zwar schön, aber er war auch furchterregend. Seine schiere rohe Kraft nahm ihr fast den Atem.

Mit einem Ruck bewegte sich der Bär und machte einen Schritt auf sie zu, und unwillkürlich entfuhr ihr ein Wimmern. Ihre Nervenenden schienen zu brennen, ihr Atem ging flach und blieb ihr irgendwo im Hals stecken. Was, wenn der Bär jetzt noch näher kam? Und sie angriff? Doch genauso abrupt, wie er auf sie zugekommen war, blieb er wieder stehen. Er wirkte vorsichtig und hielt sich auf der anderen Seite vom Strand. Natürlich, er war vor ihr genauso auf der Hut wie sie vor ihm. Vor Erleichterung atmete sie zitternd aus.

Sie schaute wieder durch das Fernglas und nagte besorgt an der Lippe, denn er war fürchterlich dünn. Seine Rippen schimmerten durch das Fell hindurch. Und sein

Fell müsste doch eigentlich glänzend sein, nicht so verfilzt, oder?

Und er hatte scharfe Gesichtszüge. Nicht so gruselig wie manche Menschen, die eben einfach so aussehen. Bei ihm lag es eher an Hunger und Verzweiflung.

»Ach, du Armer«, murmelte sie. »Du bist ganz abgemagert.«

Er neigte den Kopf, ganz leicht nur, sodass April es kaum wahrnahm.

»Hast du Hunger?«, fragte sie. »Du willst mich doch nicht fressen, oder?«

Prüfend betrachtete sie durch das Fernglas sein Gesicht. Er war zwar ein wildes Tier, aber er sah freundlich aus – jedenfalls für einen Eisbären. Das weiche, nasse Schwarz seiner Nase, die dunklen, schokoladenbraunen Augen, die selbst aus der Ferne sanft wirkten.

Sie räusperte sich und überlegte, was sie als Nächstes sagen sollte.

»Ich heiße April«, stellte sie sich schließlich vor. »April Wood. Ich bin elf Jahre alt. Ich mag heißen Kakao, vor allem mit Marshmallows, und ich bin mit meinem Vater hier, der misst sechs Monate lang die Temperatur. Er hat gesagt, es gäbe keine Bären mehr auf der Insel, aber ich war mir sicher, dass ich dich in der ersten Nacht gesehen habe. Warum hast du es riskiert, so nah zur Hütte zu kommen? Vielleicht …« Sie verstummte, als ihr ein Gedanke kam. »Vielleicht wolltest du gesehen werden? Aber warum?«

Sie schaute ihn verwundert an, und erst als sie das Fernglas über seinen ganzen Körper wandern ließ, sah sie es.

»O nein!«, rief sie entsetzt. »Was hast du denn gemacht?«

Da war etwas ganz fest um seine linke Vordertatze gewickelt – irgendein blaues Plastikding. Der Bär nahm die Tatze ans Maul und versuchte knurrend, das Plastik mit seinen langen, spitzen Zähnen abzunagen. Aber es nützte nichts. Die Tatze war auf das Doppelte angeschwollen, und das Plastik saß furchtbar eng – es ließ sich unmöglich abziehen. Er ließ den Kopf hängen und sah so verletzlich aus, regelrecht erbärmlich, dass April in einem ersten Impuls am liebsten zu ihm gelaufen wäre und ihn fest umarmt hätte, auch wenn sie wusste, wie gefährlich das war.

»Das muss schrecklich wehtun«, murmelte sie. Sie wollte ihm helfen, aber eine Möwe auf die Hand zu nehmen war das eine, sich einem Eisbären zu nähern, etwas ganz anderes. Sie schluckte schwer. »Wie wär's, wenn ich etwas Scharfes suche, damit du dich losschneiden kannst?«

Sie wusste nicht recht, ob das ein kluger Plan war, aber es war auf alle Fälle besser, als nichts zu tun, und so durchkämmte sie den Strand auf der Suche nach etwas, irgendetwas, das ihm helfen könnte. Sie fand eine Scherbe, grün wie der Schwanz einer Meerjungfrau, doch das Meer hatte sie längst glatt geschliffen. Es gab noch mehr Abfall, der von weit entfernten Ländern und Meeren angespült worden war. Ein verheddertes Fischernetz, Treibholz, sogar Plastikflaschen – darüber knurrte April wie der Eisbär. Es lag noch mehr Zeug herum, dessen Ursprung sie zum Teil nicht mal erkennen konnte. Doch etwas Scharfes fand sie nicht. Na ja, was hätte das auch genützt? Er konnte das Plastik ja nicht selbst durchtrennen, sonst hätte er das längst getan.

»Das bringt nichts«, sagte sie schließlich, und die Enttäuschung in ihrer Stimme hallte verloren durch die windgepeitschte Bucht.

April spürte den Blick des Bären auf sich, und sie hatte sich noch nie so klein und nutzlos gefühlt wie in diesem Augenblick. Doch was konnte sie tun? Die Sonne stand schon tief am Himmel. Es war spät. Zu spät, um allein hier draußen zu sein.

»Es tut mir so leid, aber ich muss jetzt gehen.«

Sie schaute noch einmal zur Sonne, die jetzt fast den Meeresspiegel berührte, und dann sah sie wieder zu dem Bären. Er hatte den Kopf niedergeschlagen auf die Tatzen sinken lassen, und sein ganzer Körper strahlte Traurigkeit aus. April zog es das Herz zusammen.

»Ich komme wieder«, flüsterte sie. »Versprochen.«

Und der Bär hob den Kopf und brüllte.

Siebtes Kapitel

Aprils Entscheidung

Wie war der Bär auf der Insel gelandet, seit wann genau war er hier, und wie konnte es sein, dass die anderen Meteorologen ihn nicht gesehen hatten? Es war frustrierend, wie unerreichbar die Antworten waren, und April knallte wütend den Kochtopf hin. Es war Zeit zum Abendessen, und sie musste daran denken, wie hungrig der arme Bär ausgesehen hatte. Mit der verletzten Pfote konnte er bestimmt nicht richtig jagen. Was bekam er heute Abend zu fressen? Und wie konnte sie ihm helfen?

Während sie sich das Hirn zermarterte, kam ihr Vater ins Wohnzimmer, gähnte laut und leerte seine Jackentaschen aus. Zwischen Anisbonbonpapier, einem abgenagten Stift und einem Taschentuch fiel sein Schweizer Taschenmesser klirrend auf den Tisch. April wusste nicht, weshalb er es immer mit sich herumtrug, denn er benutzte es nur, um sich die Zehennägel zu schneiden.

Sie wollte gerade die Bohnen in den Topf kippen, als ihre Hand erstarrte.

Das Messer.

Angenommen, sie würde versuchen, das Plastik selbst loszuschneiden?

Sie wartete, bis ihr Vater für die letzten Messungen des Tages verschwand, ehe sie es zögerlich in die Hand nahm. Bisher hatte sie mit einem Messer nur Äpfel und Möhren und so etwas geschnitten, aber …

An dieser Stelle konnte sie nicht weiterdenken. Denn Tatsache war: Auch wenn sie schon mal ein Messer benutzt hatte, so doch noch nie bei einem Eisbären. Noch nie bei einem Tier, das imstande wäre, sie zu töten.

In dieser Nacht tat sie kaum ein Auge zu, immer wieder musste sie an die Warnung von Tör auf dem Schiff denken. Er hatte recht. Die Tiere hier waren ganz anders als die zu Hause. Sie waren in völliger Wildnis geboren und aufgewachsen, ohne jeden Kontakt zu Menschen. Selbst ein Polarfuchs war nicht mit den Stadtfüchsen zu Hause im Garten zu vergleichen. Dieser Teil der Welt war viel gefährlicher.

Sie warf sich von einer Seite auf die andere, die Ströme ihres Herzens zogen sie hierhin und dorthin. Doch als sie am nächsten Morgen aufwachte, schwang sie die Beine aus dem Bett, holte tief Luft und straffte die Schultern.

Im Grunde ihres Herzens wusste sie, dass sie gar keine Wahl hatte. Sie würde das Messer ihres Vaters nehmen und den Bären von dem Plastik befreien.

Denn wer sollte es sonst tun?

Zum Mittagessen machte sie für ihren Vater schnell eine Dose Minestrone warm und brachte sie ihm hinüber in die Wetterhütte.

»Oh … danke, April.« Zerstreut blickte er auf. »Haben wir schon Mittag?«

Sie nickte. »Ich hab noch was für dich.« Sie legte ihm eine Handvoll Anisbonbons hin. Er beschränkte sich auf drei pro Tag, damit sie für sechs Monate reichten.

Während er ein Anisbonbon als Vorspeise auswickelte, stibitzte April das Schweizer Taschenmesser aus seiner Jackentasche und verschwand damit durch die Tür. Dann zog sie ihre Jacke und ihre Gummistiefel an, schnappte sich ein paar Haferkekse und ein Glas Erdnussbutter aus der Speisekammer und zog los.

Heute kam ihr der Weg zur Walrossbucht nicht so lang vor, was auch daran lag, dass sie genau wusste, wo sie hinmusste und was sie vorhatte – auch wenn sie bei der Vorstellung jetzt schon einen trockenen Mund bekam. Sie atmete tief durch, um sich Mut zu machen, und die Luft um sie herum war frisch und klar, die Erde schien aus knackigen Kristallen zu bestehen. Es fühlte sich fast so an, als wüsste die Insel von Aprils Mission und wäre auf ihrer Seite.

»Fast geschafft«, murmelte sie, und kurz darauf war sie auch schon da. Sie lachte unsicher und gleichzeitig erleichtert, denn bei Tageslicht wirkte die Walrossbucht nicht halb so unheimlich wie gestern, als ihr zunächst alles, inklusive Bär, so groß und beängstigend erschienen war.

Das einzige Problem war, dass sie ihn nirgends entdeckte, selbst als sie das Fernglas auf alle erdenklichen Punkte am Horizont richtete – auf die drei schneegekrönten Berge, das karge Flachland, von dem sie gekommen war, und die morschen Ruinen am Strand. Als Nächstes ließ sie den Blick über die graue Brandung schweifen. Bären waren sehr gute Schwimmer. Auf jeden Fall bessere als sie – sie kletterte lieber auf Bäume. Aber auch im Meer tauchte er nicht auf, und weil ihr allmählich kalt wurde und es überhaupt keinen Spaß machte, nur zu warten, beschloss April, sich nützlich zu machen.

An den Stränden in der Nähe von Granny Apples' Haus sammelte sie oft Abfall ein, und so suchte sie aus alter Gewohnheit den Strand nach Sachen ab, die nicht hierhergehörten. Am Ende hatte sie sechsundzwanzig verschiedene Limonadenflaschen aus Plastik. Sieben rostige Dosen. Einen schwarzen Kamm. Eine rosa Einhorn-Zahnbürste. Einen großen Haufen blauer Netze, vermutlich zum Fischen. Ein Spielzeugauto. Und eine halb volle Whiskyflasche. Alles Sachen von weit her, die von den wechselhaften Strömungen auf die Insel gespült worden waren.

»Das war's.« Sie legte die letzte Flasche auf den ordentlichen Haufen, den sie neben dem Boot errichtet hatte. Nächstes Mal würde sie eine Tasche mitbringen und alles mitnehmen.

Nach dieser guten Tat hatte sie einen Riesenhunger, und der Eisbär ließ sich immer noch nicht blicken. Die Haferkekse waren eigentlich als Mitbringsel gedacht gewesen, aber sie hatte plötzlich so einen Heißhunger –

kein Wunder, denn sie hatte in der Hütte ganz vergessen, auch für sich selbst Suppe zu kochen. Also setzte sie sich an das Boot, bestrich die Kekse dick mit Erdnussbutter und fing gierig an zu essen. Erst als sie mit Krümeln am Kinn und klebrigem Mund aufblickte, sah sie, dass sie nicht allein war.

Keine drei Meter von ihr entfernt stand der Eisbär.

»Oh!« Vor Schreck ließ April das Erdnussbutterglas fallen, und ein dicker Klecks landete auf ihrem rechten Gummistiefel. »Wo kommst du denn auf einmal her?«

Obwohl er bemitleidenswert mager war, wirkte er aus der Nähe viel größer als alle Tiere, die sie je gesehen hatte. Er war mindestens dreimal so groß wie sie, und um zu ihm aufzusehen, musste sie den Kopf in den Nacken legen.

Sie redete schnell, damit sie nicht den Mut verlor. »Ich bin gekommen, um dir zu helfen. Guck, ich hab das Taschenmesser von meinem Vater mitgebracht. Ich hab es noch nie so richtig benutzt, aber das wird schon klappen. Ich muss nur erst mal rausfinden, wo das Messer sitzt – da sind so viele verschiedene Werkzeuge! Es gibt sogar einen Korkenzieher – nicht dass mein Vater trinken würde, kein bisschen. Nicht seit dem Autounfall. *Er* hatte getrunken. Ich meine, der Junge. Nicht mein Vater. Deshalb hat er meine Mutter nicht gesehen. Erst als es zu spät war. Mein Vater hasst Alkohol.«

Sie quasselte zu viel, aber aus irgendeinem Grund konnte sie nicht aufhören. »Na ja, das willst du alles gar nicht wissen. Ich hab gerade den Strand aufgeräumt. Siehst du das? Der ganze Müll hatte hier nichts zu suchen. Nicht auf der Bäreninsel. Aber wahrscheinlich wissen die Menschen gar nicht, dass es so eine Insel wie diese überhaupt gibt. Ich wusste es jedenfalls nicht. Nicht im echten Leben. Ich meine, ich kannte solche Inseln aus Geschichten, aber das ist nicht dasselbe, oder? Ich wusste nicht, dass die Erde so aussehen kann.«

Sie machte eine ausladende Handbewegung, um … auf was hinzudeuten? Die Wildnis? Die Leere? Das Gefühl, dass sie gar nicht auf der Erde war, sondern auf einen raueren, einsameren Schwesterplaneten gestolpert war. Sie ließ die Hände sinken und schluckte schwer.

Sie hatte Bammel. Kein Wunder angesichts der Tatsache, dass ein menschenfressender Eisbär vor ihr stand. Sie wagte nicht, aufzublicken. Selbst aus drei Metern Entfernung spürte sie seinen Atem auf dem Gesicht, und das war nicht besonders angenehm. Ihr wurde flau im

Magen, und einen schrecklichen Moment lang dachte sie, sie müsste sich übergeben.

»Na, komm schon, April«, flüsterte sie. »Reiß dich zusammen.« Dann richtete sie sich auf, holte tief Luft und sah den Bären direkt an.

Achtes Kapitel

Bär

»Hallo«, sagte April und war sehr darauf bedacht, sich nicht zu bewegen. Aus ihrer Erfahrung mit den Füchsen im Garten wusste sie, dass es der größte Fehler wäre, die Hand auszustrecken. Die Tiere mussten zum Menschen kommen, nicht umgekehrt. Wenn man sie bedrängte, liefen sie entweder weg, bissen zu oder – in diesem Fall – fraßen einen auf.

Jedenfalls nahm sie an, dass das für Eisbären auch galt. Ganz egal, wie groß ein Tier war, erst mal musste man sein Vertrauen gewinnen.

Also hoffte April das Beste und machte sich darauf gefasst, zu warten. Notfalls den ganzen Tag. Aber hoffentlich nicht die ganze Nacht, denn dann würde ihr Vater sich Sorgen machen.

»Du weißt, wie ich heiße, also wüsste ich auch gern, wie du heißt«, sagte sie sanft. Sie sprach mit leiser Stimme, denn sie wusste schon lange, dass Tiere keine lauten, kreischenden Menschen mochten. Und hier in der Wildnis versuchte sie ihre Stimme ganz besonders sanft klingen zu lassen, wie Schneeflocken. »Aber es fühlt sich nicht richtig an, dir einen Namen zu geben wie einem Hund oder einer Katze. Du bist auch nicht so wie Braveheart, denn der hat in unserem Garten mitten in der Stadt gelebt. Du bist vollkommen wild. Und wilde Tiere brauchen keine Namen von Menschen. Aber irgendwie muss ich dich ja nennen, also nenne ich dich einfach Bär.«

Bär zeigte keine Reaktion, aber sie bildete sich ein, dass er das gut fand.

»Gefällt dir das, Bär?«, sagte sie. »Gefällt dir dein neuer Name?«

April hätte schwören können, dass sich um seine Schokoladenaugen herum Fältchen bildeten, und sie lächelte. »Das werte ich mal als Ja. Du kannst natürlich nicht richtig mit mir sprechen«, fuhr sie fort. »Aber irgendwie müssen wir uns ja verständigen. Das ist so, als müsste ich einen Code knacken – ich muss einfach die Zeichen richtig deuten.« Gespannt wartete sie auf irgendeine Art von Bestätigung. Alles war ihr willkommen – ein Wackeln der Nase oder ein Zucken mit dem Ohr. Doch nachdem sie Bär mehrere lange Sekunden eindringlich angeschaut hatte, sah sie ein, dass da nichts kam.

»Das macht nichts«, sagte sie. »Ich weiß auch so, dass du mir zuhörst. Wir können uns unterhalten. Die Menschen behaupten, Tiere könnten nicht sprechen, aber das stimmt nicht. Wie sagte meine Mutter noch? Wir müssen nur eine andere Art zu sprechen finden, das ist alles.« Instinktiv sah April auf ihre Uhr, als rechnete sie halb damit, dass ihre Mutter dort herauskäme wie ein Dschinn.

Bärs Ohren zuckten, doch er kam kein Stück näher.

»Du brauchst keine Angst vor mir zu haben. Ich bin nicht wie die Erwachsenen – ich tu dir nichts«, sagte sie und schluckte ihre Angst herunter. »Ich will dir nur helfen.«

Doch sosehr sie ihn mit ihrer liebsten Stimme zu beruhigen versuchte, er wagte sich kein Stückchen vor, und da April sich immer noch davor hütete, auf ihn zuzugehen, verharrten sie fast zwei Stunden lang in dieser Hängepartie.

Bis ihr plötzlich eine Idee kam.

»Weißt du was, Bär – ich hab ein paar Haferkekse mitgebracht, und so hungrig bin ich gar nicht. Ich streiche jetzt ein bisschen Erdnussbutter auf einen Keks – so –, und dann lege ich ihn vor mich hin. Da, auf den kleinen Felsen. Siehst du das? Und wenn du ihn fressen möchtest, bist du herzlich eingeladen.«

Erst reagierte Bär nicht. Vielleicht mochte er Erdnussbutter nicht so gern wie April? Dann reckte er die Nase in die Luft, und sie fing an zu zittern und zu beben. Er schnupperte ein paarmal laut, und April hätte schwören können, dass seine Augen ein kleines bisschen aufleuchteten.

»Das ist Erdnussbutter«, sagte sie. »Die Sorte mit Erdnussstückchen, die schmeckt nämlich am besten. Die magst du bestimmt. Es ist keine Robbe oder so, aber es ist echt lecker, vor allem, wenn man Hunger hat.«

Bär schnupperte wieder, jetzt mit sehnsüchtigem Gesicht, und er zitterte am ganzen Körper. Langsam machte er einen zaghaften Schritt nach vorn, dann noch einen, schließlich den dritten und letzten Schritt. Und ohne April aus den Augen zu lassen, vertilgte er den Haferkeks.

»Wusst' ich's doch, dass dir das schmeckt!«

Sie lächelte immer noch, als Bär plötzlich mit offenem Maul und seinen spitzen, scharfen Zähnen direkt auf sie zukam. Der Tod starrte ihr ins Gesicht, und April wünschte, sie hätte sich heute, ehe sie losging, noch von ihrem Vater verabschiedet. Sie kniff die Augen zu und betete, dass etwas von ihr übrig blieb, das man beerdigen konnte.

Während April noch darauf wartete, dass ihr der Kopf abgebissen wurde, spürte sie plötzlich, dass ihr rechter Fuß vibrierte – als würde ihn jemand kräftig reiben, wie eine Art Tiefenmassage. Vorsichtig machte sie ein Auge auf und spähte nach unten. Da schleckte Bär mit seiner riesigen rosa Zunge die Reste der Erdnussbutter, die sie zuvor verkleckert hatte, von ihrem Gummistiefel. Es fühlte sich an, wie von einer Katze abgeleckt zu werden – nur hunderttausendmal kräftiger.

»Bär!«, quiekte sie. »Es ist nichts mehr da!«

Nach einem letzten zufriedenen Schlecken setzte er sich auf die Hinterbeine und schaute sie geradewegs an. Er hatte die Zähne immer noch gebleckt, doch während er sich die Lippen leckte und mit der Zunge über den ganzen Kiefer fuhr, sah er nicht halb so bedrohlich aus wie zuvor.

»Du willst wohl noch mehr, was?«

Behutsam legte sie die letzten Haferkekse auf den Felsen und schaute zu, wie der Eisbär sie blitzschnell verputzte. Als er fertig war, neigte er den Kopf nach links und sah sie bittend an.

»Ich hab keinen mehr!«, sagte sie. »Tut mir leid.«

Er ließ die Ohren hängen, und April bereute, dass sie

nicht noch eine Packung mitgebracht hatte, zumal er jetzt wieder zurückwich und sie aus sicherer Distanz beäugte. Obwohl sie das Messer in der Tasche hatte und obwohl die geschwollene Tatze dem Bären offenbar große Schmerzen bereitete, musste April einsehen, dass sie sich ihm nicht noch mal nähern konnte. Jedenfalls nicht, bevor sie mehr Futter hatte.

»Ich komme morgen wieder«, erklärte sie und wusste nicht recht, ob sie erleichtert oder enttäuscht sein sollte.

Am nächsten Tag nahm sie zwei Packungen Haferkekse und zwei Gläser Erdnussbutter mit, und diesmal dauerte es nur eine Stunde, bis Bär vorsichtig näher kam und die Kekse fraß, die sie ihm in sicherem Abstand hingelegt hatte. Am darauffolgenden Tag dauerte es nur eine halbe Stunde. Und am übernächsten traute er sich schon nach zehn Minuten zu ihr. Mittlerweile war sie in seiner Nähe auch nicht mehr ganz so ängstlich. Er hatte noch keine Anstalten gemacht, sie zu fressen – nur ihre Kekse. Und als sie am vierten Tag kam, war es, als hätte Bär schon auf sie gewartet, und er humpelte direkt auf sie zu.

Sie legte die Kekse etwa zehn Schritte vor sich hin und atmete tief ein, um sich zu beruhigen. Und ohne weitere Umschweife, damit ihr die Angst nicht dazwischenkam, umfasste sie das Messer in ihrer Tasche.

»Lässt du mich jetzt deine Tatze anschauen?«

Neuntes Kapitel

Freundschaft

Es war eine riesige Tatze – Eisbären brauchen große Tatzen, damit sich ihr Gewicht gut auf dem Eis verteilt –, und durch die Schwellung war sie noch größer. Ein Plastikteil wie die Schrumpffolie zum Verpacken von Sixpacks hatte sich um seine Tatze geschlungen. Darunter hatte sich noch ein Stück von einem blauen Fischernetz verfangen. Das Ganze war so verheddert, dass er sich unmöglich selbst befreien konnte.

April schluckte die letzten Reste ihrer Angst hinunter und blieb reglos stehen. Nicht wie eine Statue, eher in weicher Reglosigkeit – wie Wasser, so wie sie es Tör erklärt hatte. Sie atmete tief und langsam in den Bauch, fast lautlos, der einzige Beweis ihres Atems waren die Tröpfchen in der kalten Luft. Sie stellte sich vor, dass sie durch Wurzeln an den Sohlen ihrer Gummistiefel mit der Insel verankert wäre, ebenso wie die Insel manchmal hinaufzulangen schien, um sich mit ihr zu verbinden. Auf diese Weise wurde April weniger Mensch und mehr Bär.

»Darf ich sie anfassen?«, fragte sie sanft, denn sie war bestimmt nicht so dumm, ein wildes Tier ohne Erlaubnis anzufassen.

Bär hatte das ganze Futter aufgefressen, ging jedoch nicht weg. Wusste er, dass sie ihm helfen wollte? Oder hatte er inzwischen einfach so viel Vertrauen zu ihr, dass er sich in ihrer Nähe sicher fühlte? Wie auch immer, sie ließ ihn nicht aus den Augen. Er sah sie so lange unverwandt an, dass sie nicht wusste, wie viel Zeit verging. Die Außenwelt war auf den Raum zwischen ihnen geschrumpft.

Den richtigen Moment zu erkennen, hatte nichts mit Logik zu tun. Das hier war kein Schachspiel. Es war Instinkt. Etwas, was sie nicht hinterfragen oder anzweifeln musste. Und so gestattete sie sich schließlich, einen winzigen Schritt auf ihn zuzugehen.

»Siehst du«, sagte sie. »Ich tu dir nichts.«

Sie hielt inne, ehe sie vorsichtig den nächsten Schritt machte, dann wieder innehielt und wieder einen Schritt machte. So nah zu ihm hin, dass sie die einzelnen Haare seines Fells erkennen konnte und die Feuchtigkeit seiner Nase spürte.

Sie umfasste das Messer fester, und während sie ruhig atmete, zog sie es aus der Tasche und hielt es ihm vors Gesicht.

Bär blinzelte, wich jedoch nicht zurück.

»Damit schneide ich jetzt das Plastik ab«, sagte sie. »Aber du musst versprechen, dass du mir nichts tust.«

Sie war ihm jetzt so nah, dass sie ihm direkt in die Augen sehen konnte. Sie hatten die Farbe von Bitterschokolade, so dunkel, dass sie fast schwarz wirkten. In seinen Augen lag eine Geschichte, wie bei jedem Menschen und jedem Tier. Und Bärs Augen erzählten von Hunger und Verzweiflung. Vielleicht auch von Einsamkeit, aber das konnte auch nur eine Spiegelung ihrer eigenen Gefühle sein. Vor allem war der Blick seiner Augen nicht unfreundlich oder grausam, und als sie ihn aufmerksam erforschte, bekam sie die Erlaubnis, die sie brauchte.

Mit ruhigen Atemzügen kniete sie sich hin, zog die Handschuhe aus und streckte die Hand vor. Sekunden vergingen, und sie spürte seinen Atem im Nacken und ahnte seine Zähne angriffsbereit über ihr wie eine

Guillotine. Und dann berührte sie mit den Fingern vorsichtig sein Fell.

»Oh! Du bist so weich!«

Sein Fell war wie eine warme Kuscheldecke, doch es roch nach Meerwasser und Wildnis. Das Plastik hatte sich so tief eingegraben, dass sie mit den Fingern gar nicht darunterkam. Als sie die Stelle berührte, wo es einschnitt, zitterte Bär.

»Ach, du Armer«, sagte sie. »Warte, ich versuche es loszuschneiden.«

Selbst mit dem Messer dauerte es volle zehn Minuten, bis sie das Fischernetz ganz weggeschnippelt hatte und das Plastik durchtrennen konnte. Die ganze Zeit musste sie höllisch aufpassen, ihm nicht in die Haut zu schneiden – während der gesamten Operation blinzelte sie kein einziges Mal –, aber am Ende war seine Tatze frei.

Als das letzte Plastikteil zu Boden fiel, hob Bär den Kopf und brüllte. Es war so ohrenbetäubend, dass April vor Schreck in den Sand fiel. Doch er brüllte einfach weiter, sodass die Erde bebte, der Himmel grollte und die Luft zerriss.

»Schon in Ordnung«, sagte April, als er fertig war, und richtete sich auf. »Das ist wohl deine Art, Danke zu sagen.«

Bär schaute sie mit seinen dunkelbraunen Augen an, in denen nicht nur das Meer glitzerte, sondern noch etwas viel Tieferes. Sein Blick umspannte Raum und Zeit und alles andere. Vielleicht dauerte er ewig, vielleicht auch nur Sekunden – da war sie sich im Nachhinein nicht sicher.

Doch eines wusste sie: Ein solcher Blick konnte eine Freundschaft begründen.

»Ich komme morgen wieder«, sagte sie ein bisschen zittrig, während sie aufstand und versuchte, sich ein Leben vorzustellen, in dem ein Mädchen wie sie Freundschaft mit einem Eisbären schließen konnte. »Nächstes Mal bringe ich ein bisschen antiseptische Wundsalbe für deine Tatze mit, damit sich nichts entzündet.«

Bär öffnete erneut das Maul zum Brüllen, aber diesmal hob sie die Hand und hielt ihn zurück.

»Na klar.« Sie kicherte. »Erdnussbutter auch.«

Zehntes Kapitel

Mitternachtssonne

Den ganzen Heimweg lang hüpfte und sprang und tanzte April. Ihr Bauch kribbelte, ihr Herz strahlte. Morgen würde sie wiederkommen, mit mehr Erdnussbutter. Vielleicht diesmal drei Gläser, und noch mehr Haferkekse. Vielleicht drei Packungen. Was fraßen Eisbären noch außer Robben? Das musste sie herausfinden!

So taumelte sie in einem Kaleidoskop aus Ideen, Vorfreude und Atemlosigkeit in die Hütte hinein, wie ein Jahrmarkt voller Farben und Lärm und Zuckerwatte. Ihr Wangen glühten nicht nur von der Kälte, sondern auch von einem Glück, das sie lange nicht mehr empfunden hatte.

Da blieb sie wie angewurzelt stehen.

Ihr Vater saß im Schneidersitz am Feuer und lächelte sie an. Und zwar ein richtiges Lächeln, das bis hinauf zu den Augen reichte. Das erste, seit sie hier waren.

»Dad?«, fragte sie zögernd. »Ist alles okay?«

Er antwortete nicht sofort. Stattdessen sprang er auf und legte seine Lieblingsplatte von Mozart auf. Es war die lustige – Sonate Nr. 17 –, bei der sie am liebsten in einem albernen Walzer durch den Raum wirbeln wollte.

»Heute Nacht geht es los!«, sagte er, während die Musik um sie herum hüpfte und sprudelte.

»Was geht heute Nacht los?«

»Die Mitternachtssonne, April. Die Mitternachtssonne!«

Von der Mitternachtssonne hatte ihr Vater schon gesprochen, bevor sie hergekommen waren. Genau genommen hatte er damit versucht, Granny Apples die Reise schmackhaft zu machen. Er hatte gesagt, jeder müsse einmal im Leben die Mitternachtssonne gesehen haben. Und die glückliche April könne sie fast einen ganzen Sommer lang genießen. Seine Strategie war nicht aufgegangen, denn Granny Apples hatte gegrummelt, ihre Sonne zu Hause sei zwar schwach und unzuverlässig, aber trotzdem gut genug.

Aber sich etwas vorzustellen, was man noch nie gesehen hat, ist ja immer schwer. Jetzt, mit der vergnügten Musik im Zimmer, dem Walzerschwung in ihren Schritten und ihrem freudig grinsenden Vater, war April plötzlich von einem sirrenden Leuchten erfüllt

Sie, April Wood, hatte heute nicht nur einem Eisbären geholfen, sie bekam auch noch die Mitternachtssonne zu sehen!

Natürlich mussten sie bis Mitternacht warten, aber vorher machte sie zwei Dosen Gemüsesuppe warm, und die schlürften sie Seite an Seite auf dem Sofa sitzend, die Dosen stellten sie auf zwei der verstaubten alten Lexika ab.

»Erzähl mir von der Mitternachtssonne«, bat sie mutig, weil sie spürte, dass ihr Vater in redseliger Laune war.

Sie behielt recht. Er nahm die leeren Dosen, stellte sie auf den Boden und ließ sich mit einem zufriedenen Grunzen ins Sofa sinken. »Erinnerst du dich an den Globus, den ich dir vor ein paar Jahren zum Geburtstag geschenkt habe?«

April nickte. In Wirklichkeit war es zwei Tage nach ihrem Geburtstag gewesen, und eigentlich hatte sie sich ein Kätzchen gewünscht, aber der Globus hatte sich als ganz schönes Geschenk erwiesen.

»Dann weißt du, dass wir in der Nähe des Nordpols sind. Nicht *am* Nordpol, aber ziemlich nah dran. Und du weißt auch, dass die Erde sich um eine Achse dreht.« Er machte es vor, indem er seine Kaffeetasse ein paar Grad nach rechts neigte. »Und weil die Achsneigung der Erde so groß ist, geht die Sonne in den Teilen der Welt, die nah an den Polen sind – so wie hier –, nicht unter.« Er zeigte auf den Rand und den Boden der Tasse. »Je nachdem, wie nah man dem Pol ist, scheint die Sonne womöglich monatelang, ohne ein einziges Mal unterzugehen. Manche Leute nennen das den Polartag. Aber noch bekannter ist das Phänomen als Mitternachtssonne.«

»Du meinst, es wird überhaupt nicht dunkel?«

»Genau«, antwortete er. »Es gibt keine Nacht.«

April versuchte sich einen Tag ohne Nacht vorzustellen. Sie hatte bemerkt, dass die Nächte immer heller wurden, aber letztendlich war die Sonne immer unter den Horizont gesunken. Jetzt würde sie die ganze Zeit am Himmel bleiben. Eine Frage beschäftigte April. »Aber wie schläft man dann?«

Ihr Vater sah sie an und grinste. »Indem man die Augen zumacht, natürlich.«

Nicht dass das besonders witzig gewesen wäre – das

waren die Witze ihres Vaters selten –, aber weil sie sich noch nicht mal erinnern konnte, wann er das letzte Mal einen Witz gemacht hatte, musste sie trotzdem losprusten, und dann stimmte ihr Vater ein, und sie lachten beide, bis sie Seitenstechen bekamen.

Als sie sich ausgelacht hatten, kramte April in ihrem Kopf nach einer weiteren Frage. Momente wie dieser waren mit ihrem Vater so rar, deshalb wollte sie ihn ausdehnen, so weit wie möglich in die Länge ziehen.

»Und das Gegenteil gibt es auch, oder?«

»Ja«, sagte er und schien sich darüber zu freuen, dass sie fragte. »Um Weihnachten herum geht die Sonne in diesen Teilen der Welt überhaupt nicht auf. Stell dir das mal vor. Ein Winter in völliger Dunkelheit. Aber darüber müssen wir uns keine Sorgen machen, denn bis dahin sind wir längst wieder weg.«

Sie waren seit etwas über einem Monat hier, hatten also noch fünf Monate vor sich. Fünf lange Sommermonate. Jetzt war es gar nicht mehr so schlimm, dass ihr Vater so viel arbeiten musste, denn April war ganz von der Vorfreude erfüllt, Bär besser kennenzulernen. Ohne die Nächte war es fast so, als hätte man ihr doppelt so viele Tage geschenkt, die sie mit ihm verbringen konnte.

Kurz vor Mitternacht und von Kopf bis Fuß in Mützen, Schals, Jacken, Handschuhe und Stiefel eingepackt, traten sie hinaus in die Kälte. Als Erstes schaute April nach oben. Es stimmte. Der Himmel war nicht samtschwarz. Es gab keine glitzernden Sterne. Nicht mal der Mond war zu sehen. Stattdessen stand die Sonne tief am Horizont, und der Himmel rundherum war orange gefärbt.

Staunend schaute April sich um, während ihr Atem orange Wolken bildete, wie der Feueratem eines Drachen.

»Ich hab was im Lexikon gelesen«, sagte sie schüchtern, während sie zusahen, wie der Himmel sich von Orange zu Bernstein zu Gold wandelte. »Da stand, dass die Einheimischen für den ersten Tag der Mitternachtssonne eine bestimmte Zeremonie haben. Ich dachte mir … ich dachte mir, vielleicht könnten wir das auch machen?«

Ihr Vater gab keine Antwort.

Schnell redete sie weiter. »Sie trinken einen Schnaps – das machen wir natürlich nicht«, fügte sie schnell hinzu, als er neben ihr erstarrte. »Aber wir könnten ja vielleicht stattdessen Kakao kochen? Sie malen einen großen Kreis auf den Boden, einen heiligen Kreis nennen sie das – der steht für die Sonne –, und dann stellen sie sich alle hinein und wünschen sich drei Sachen für den Sommer. Das soll Glück bringen.«

Er blieb endlos lange still, doch als April schon fast wieder reingehen wollte, klatschte er in die Hände. »April. Das ist eine wunderbare Idee. Ich setze am besten gleich den Kakao auf.«

April kicherte, als ihr Vater in die Küche eilte und mit seinen schlaksigen Armen und Beinen alles zugleich herauskramte – Teekanne, Marshmallows, sogar ein paar Schokoladenkekse. Es spielte keine Rolle, dass ein Teller zu Bruch ging, die Schranktür fast aus den Angeln geriet und der Kakao halb auf dem Boden landete.

Kurz vor Mitternacht erschien er wieder draußen und zeichnete mit einem Holzstock einen großen Kreis auf den Boden.

April malte noch Sonnenstrahlen an den Kreis, dann stellten sie die Teekanne in die Mitte und setzten sich auf Kissen, die sie vom Sofa genommen hatten. Die Sonne schwebte jetzt genau am Rand des Horizonts, an dem Punkt, wo sie normalerweise verschwand, um am nächsten Morgen wieder aufzutauchen. Doch anstatt hinabzugleiten, blieb sie am Horizont stehen wie ein

Basketballkorb, und rundherum färbte sich der goldene Himmel erst bronzen, dann apricot.

April trank einen großen Schluck heißen Kakao direkt aus der Tülle und konnte sich nicht erinnern, in den letzten Jahren jemals so glücklich gewesen zu sein.

»Drei Wünsche«, sagte sie mit Kakaoseufzen. »Vergiss nicht, dir drei Sachen zu wünschen.«

»Na ja, ich wollte schon immer die Mitternachtssonne sehen – seit ich etwa in deinem Alter zum ersten Mal davon gelesen habe«, sagte ihr Vater. »Deshalb fühlt es sich so an, als wäre einer meiner Wünsche schon in Erfüllung gegangen.«

»Aber du hast noch zwei!«, sagte April, die ihre drei Wünsche schon verbraucht hatte – einen für Bär, einen für ihren Vater und den letzten für den Planeten.

In diesem Moment hätte sie es ihrem Vater fast erzählt. Fast hätte sie ihm alles von Bär erzählt. Es lag ihr auf der Zunge. Sie machte sogar schon den Mund auf, aber irgendwie wollten die Worte nicht kommen, und als sie den ersten Satz beisammenhatte, war es zu spät. Da hatte er schon angefangen zu reden.

»Morgen hat Mum Geburtstag«, sagte er so leise, dass sie es fast überhört hätte. »Und ich hatte immer gehofft, dass sie es mit mir zusammen sehen würde.«

Wie konnte sie das vergessen? Heiße Scham durchfuhr sie. Sie streckte eine Hand aus, um vorsichtig seinen Arm zu berühren, doch mit einem entschuldigenden Kopfschütteln stand er auf, klopfte sich den Dreck von den Beinen und verkündete leise, auch wenn die

Sonne immer noch am Himmel stehe, sei jetzt Schlafenszeit.

April nahm die Teekanne und die Kissen und trottete ihm nach ins Haus. Durch einen Ritz in seiner Schlafzimmertür sah sie ihn am Plattenspieler stehen, wie er in seiner Plattensammlung stöberte und dabei hin und wieder den Kopf schüttelte. Als er die gesuchte Platte gefunden hatte, legte er sie auf und ließ sich auf sein Bett sinken.

»Gute Nacht, Dad!«, rief April.

Aber die Platte lief schon, und sie erreichte ihn nicht mehr. Es war das traurige Lied – das spielte er jedes Jahr um diese Zeit.

Später im Bett, als es wohl zum hundertsten Mal lief, zog sie sich das Kissen über den Kopf, um es auszublenden.

Und immer noch schien die Sonne.

Elftes Kapitel

Die Wetterhütte

Es war nicht so, dass April ihre Mutter nicht vermisste, dachte sie am nächsten Morgen beim Frühstück. Aber wenn sie ganz ehrlich war, hatte sie nur einzelne Erinnerungsfetzen an sie.

Da waren die Gutenachtgeschichten. Und wie sie im Garten getanzt hatten, während die Sonne golden wie Sirup schien. Schokoladen-Karamell-Cupcakes zum Frühstück und Lachen, das sich anfühlte wie Knallbrause. Und zwischendurch hatten sie immer gekuschelt, denn so eine Mum war sie gewesen. Eine Kuschel-Mum.

Und natürlich gab es auch Erinnerungen mit Tieren. Wie sie in der Abenddämmerung Igelfutter auf den Rasen gestreut und dann gespannt im dunklen Haus gewartet hatten, wer den ersten Igel entdeckte. Wie ihre

Mutter Rotkehlchen aus der Hand fütterte, während ihr Vater ihr liebevoll zugeschaut hatte, und einmal hatte ihre Mutter eine Schildkröte gerettet, die zu weit von ihrem Zuhause weggelaufen war, und ihr Vater hatte sie aufgezogen, weil sie sie am liebsten behalten hätte.

Manchmal fragte April sich, wie das Leben wäre, wenn ihre Mutter nicht an jenem Tag vom Auto überfahren worden wäre. Ob sie dann wohl ein bisschen, na ja, normaler wäre? Mehr wie die anderen Mädchen in der Schule? Die spielten nicht mit Füchsen im Garten, sie kletterten nicht auf Bäume und sprachen auch nicht mit Tieren. Sie wusste nicht so genau, ob ihr Anderssein in ihren Genen lag oder daran, wie ihr Leben verlaufen war.

Vermutlich beides ein bisschen.

Ihr Vater war nicht schuld daran. Und es war auch nicht so, dass er sie nicht lieb hatte – aber als ihre Mutter zwei quälend lange Tage nach dem Unglück gestorben war, hatte sie auch die Hälfte ihres Vaters mitgenommen. Leider die lustigere Hälfte. Den Vater, der sang, wenn er einen Regenbogen sah, der alberne Witze erzählte, bei denen ihre Mutter vor Lachen prustete, und auf jeden Fall die Hälfte, die sich nicht in Arbeit vergrub und vor lauter Stress Wutanfälle bekam. Jetzt gerade saß er zusammengesunken an der Küchentheke, seine Tränensäcke hingen ihm fast bis in die Teetasse. Seine Haare standen strubbelig vom Kopf ab, und sein Hemd war schief geknöpft.

Hatte er geglaubt, er könnte seiner Trauer irgendwie entfliehen, indem er hierherkam? April seufzte. Denn da hatte er sich getäuscht. Wo er auch hinging, schien sie ihm zu folgen wie ein Kometenschweif.

»Bist du so weit?«, fragte er und schaute ungeduldig auf die Uhr.

»Wie, so weit?«

»Mir zu helfen. Du hast mich doch neulich gefragt, weißt du nicht mehr?«

»Ja. Nein.«

Oh. Fuchskacke! Warum wollte er ausgerechnet heute, dass sie ihm half? Wenn Bär nun in der Walrossbucht auf sie wartete? Sie war hin- und hergerissen. Natürlich wollte sie Zeit mit ihrem Vater verbringen. Wartete sie auf eine solche Gelegenheit nicht, seit sie hier waren? Aber sie hatte ihm nur aus Frust ihre Hilfe angeboten. Viel lieber würde sie etwas Schönes mit ihm unternehmen – Fußball spielen oder mit dem Schlitten den Berg runtersausen oder in einem der Seen angeln.

»April?«, sagte er sanft. »Es war nicht richtig von

mir, zu sagen, dass du zu klein bist, um mir zu helfen. Wenn man es recht betrachtet, ist man nie zu klein, um wichtige Arbeit zu tun. Und vielleicht bekommst du dadurch ja sogar eine Ahnung, was du mal machen möchtest, wenn du erwachsen bist.«

April nickte.

Das war natürlich albern. Denn Erwachsensein war so weit weg, da konnte sie sich ebenso gut vorstellen, in ein Raumschiff zu steigen und zum Mond zu fahren.

Doch sie durfte nicht vergessen, dass ihr Vater eine SEHR WICHTIGE ARBEIT machte. Stapelweise staubige Logbücher voller Fakten und Zahlen, die fast hundert Jahre zurückreichten, bis zu den Anfängen der Wetterstation. Meerestemperaturen, Lufttemperaturen, Luftfeuchtigkeit, Windgeschwindigkeit und Windrichtung, all das war seitdem gemessen worden, und jetzt setzte ihr Vater diese Messungen fort. Alle hatten in den letzten hundert Jahren sehr wertvolle Arbeit geleistet, und sie war vielleicht noch nie so wichtig gewesen wie heute.

April fragte sich oft, was sie beitragen konnte, um den Planeten zu retten, und jetzt bekam sie ihre Chance. Also stand sie auf und folgte ihm.

Immer wenn sie in die Wetterhütte ging, war es, als beträte sie mit diesem Raum voller merkwürdiger Geräte, die akkurat und metallisch tickten und summten, ein anderes Universum. Sie hatte das beunruhigende Gefühl, sich in einem Vakuum zu befinden – wenn die Tür geschlossen war, waren sie vom Rest der Welt abgeschirmt, und nichts anderes, nicht einmal die Bäreninsel, drang hindurch. Die Luft im Raum roch trocken und ganz leicht nach Anis.

»Am besten fangen wir damit an, die Lufttemperatur zu messen.« Er erklärte, die Lufttemperatur sei wichtig, um zu beobachten, wie sich die Temperaturen weltweit veränderten, und zeigte April, wie man sie überprüfte. Dafür mussten sie nach draußen zum Thermometer gehen, das sich im Schatten befand. Es war kein gewöhnliches Thermometer, wie man es zu Hause hatte. Dieses war knallrot und über einen Meter hoch. Man musste eine ziemlich komplizierte Reihe von Ablesungen vornehmen, die ihr Vater ihr zeigte, und sie trug die Ergebnisse ins Logbuch ein.

»Wie viele Menschen arbeiten hier normalerweise?«, fragte April, nachdem sie alle Werte abgelesen und notiert hatten.

»Na ja«, sagte ihr Vater und schaute mit gerunzelter Stirn auf die Messwerte. »Es müssen immer zwei Leute in einer Schicht sein – falls einem von beiden etwas zustößt. Aber weil sie so knapp an Personal sind, haben sie erlaubt, dass ich nur mit dir komme.«

»Glaubst du, sie haben viel Freizeit?«

»Freizeit?« Ihr Vater sah sie an, als spräche sie Chinesisch. »Hier gibt es keine Freizeit. Die Temperatur zu messen, ist ein Fulltimejob.«

April kaute nachdenklich auf der Unterlippe. »Dann hatte noch nie jemand Gelegenheit, die Insel zu erkunden?«

»Mein liebes Kind. Das wünschst du dir? Dass ich mehr Zeit mit dir verbringe?« Er nahm die Brille ab und rieb sich müde die Augen.

Überrascht stellte April fest, dass es ihm vielleicht genauso ging wie ihr.

»Es ist so schwierig mit den ganzen Messungen, die ich machen muss. Ehrlich gesagt ist es viel zeitaufwendiger, als ich gedacht hatte, vor allem ganz allein.«

April öffnete den Mund, um etwas zu sagen, aber da fiel ihr auf, wie angespannt seine Schultern waren, und weil sie ihm nicht noch mehr Sorgen machen wollte, beschloss sie, es mit der Wahrheit nicht ganz so genau zu nehmen. »Es ist alles gut«, sagte sie. »So hab ich das nicht gemeint. Ich erkunde die Insel ganz gern auf eigene Faust. Und heute …«

Wenn es je einen günstigen Moment gab, ihm von Bär zu erzählen, so war er jetzt gekommen. Aber abgesehen davon, dass er sich schon wieder stirnrunzelnd seinen Geräten zugewandt hatte, was sollte sie sagen? Und selbst wenn sie es ihm erzählte, wie würde er reagieren? War es das Risiko wert? Denn wenn er wüsste, dass ein Eisbär auf der Insel lebte, würde er nie und nimmer erlauben, dass sie sich mit ihm anfreundete.

»Ich bin gern hier«, sagte sie überzeugter, als sie war. »Echt.«

Sie gingen zurück in die Wetterhütte, um die nächsten Messungen vorzunehmen. Dieser Schritt erforderte sehr viel mehr Konzentration, und ihr Vater musste es ihr dreimal erklären. Leider war er nicht der geduldigste Lehrer, heute umso weniger, weil eins der Geräte verrücktspielte und er gestresst war. Jedes Mal, wenn er ihr etwas erklären musste, vertiefte sich die Linie zwischen seinen Augenbrauen, und sie merkte, wie gereizt er war. Kein Wunder. Es war eine mühsame, eintönige Arbeit.

Ihre Augen tränten vor Anstrengung, und ihr platzte fast der Schädel. Immer wieder musste sie sich ermahnen, dass sie eine SEHR WICHTIGE ARBEIT machte. Ihr Vater war jeden Tag hier drin und überanstrengte seine

Augen, weil die Temperaturen unbedingt gemessen und genau aufgezeichnet werden mussten – auf diese Weise konnte man nachweisen, wie sich die Temperaturen in der Arktis veränderten. Schließlich würden diese Veränderungen schon bald den ganzen Planeten betreffen, und wer wusste, was dann passierte. Obwohl ihr das furchtbare Sorgen machte, schlich sich hin und wieder ganz kurz Bär in ihre Gedanken und lenkte sie ab. Sie hatte ihm versprochen, mit Futter und antiseptischer Salbe für seine Tatze zurückzukommen, und sie wollte ihn auf keinen Fall im Stich lassen.

Wenn er nun Schmerzen hatte? Oder wenn er dachte, sie hätte ihn angelogen? Wenn sie ihn nie wiedersah? Sie hatte immer noch nicht die leiseste Ahnung, wie er auf der Insel gestrandet war, und sie sah ihn vor sich mit seinem einsamen, traurigen Blick und wie er mutlos den Kopf hängen ließ. Es war nur ein kleiner Gedanke, doch der ließ ihre Finger zittern, und da glitt ihr das rote Logbuch aus den Händen und fiel aufgeschlagen auf den Boden. Unglücklicherweise fiel es genau in eine kleine Pfütze Tee, den ihr Vater verschüttet hatte.

»O nein«, murmelte sie und versuchte den Tee vom Buch zu wischen, aber sie verschmierte ihn nur über die ganze Seite und machte alles noch schlimmer.

Sofort war ihr Vater bei ihr. Er starrte sie so entsetzt an, dass sie am liebsten geschrumpft wäre und sich verkrochen hätte. Er nahm ihr das Logbuch aus den Händen. Bestürzt schauten sie beide auf die ruinierte Seite.

Und da rastete er aus.

»Was hast du getan?«, brüllte er. »Ich wusste, dass ich dir nicht vertrauen kann. Du bist einfach noch zu klein für so eine Arbeit. Du dummes, ungeschicktes Kind!«

Nach seinem Wutausbruch breitete sich die altbekannte entsetzliche Stille in der Hütte aus, und April hatte das seltsame Gefühl, zu fallen. Da waren nur noch das Ticktack der Geräte und der schale Geruch der Reue, der schwer im Raum lag.

»April!« Schuldbewusst machte ihr Vater einen Schritt auf sie zu.

Aber zu spät.

Ohne sich noch einmal umzudrehen, stürmte sie zur Tür hinaus, schnappte sich ihren Rucksack und rannte den ganzen Weg bis zur Walrossbucht.

Zwölftes Kapitel

Ein Geheimnis

Als April dort ankam, tat es schon gar nicht mehr so weh. Zum Teil hatte sich der Schmerz im Meeresdunst verflüchtigt, der Rest war durch die Sohlen ihrer Gummistiefel gesickert. Irgendwie schien auf der Insel alles unwichtiger, und im Laufe der letzten Woche hatte die Sonne den brackigen Ginster, der unter dem schmelzenden Schnee verborgen war, sanft freigelegt.

Über ihr flog ein Schwarm Möwen in hohem Bogen durch die Lüfte, und etwas an der Art, wie sie sich zusammenfanden, weckte in April das heftige Verlangen, mit jemandem zu sprechen. Mit jemandem, der begriff, wie abgelegen diese Insel war, und der ein Gespür für diesen rätselhaften Teil der Welt hatte. Der Einzige, der ihr einfiel, war Tör. Doch die Vorstellung, zurück zur

Hütte zu trotten, das Satellitentelefon zu nehmen und ihrem Vater gegenüberzutreten, war einfach zu viel.

Sie sagte sich, dass er es nicht so gemeint hatte.

Sie wusste, dass die meisten Menschen es nicht so meinten, wenn sie jemanden anbrüllten. Außerdem war klar, dass man auch mal Streit hatte, wenn man auf so engem Raum zusammenlebte. Die Bäreninsel war zwar hundertachtundsiebzig Quadratkilometer groß, doch da ihr Vater nie rausging, hätte sie für ihn ebenso gut nur die beiden Hütten umfassen können.

Sie würde ihm verzeihen, wie sie es immer tat. Was blieb ihr auch anderes übrig? Sie konnte ja sowieso nicht weg.

Und als sie in der Walrossbucht ankam, war sie schon wieder beinahe – wenn auch nicht ganz – so guter Dinge wie sonst auch. Gerade als sie sich fragte, wie lange sie heute wohl warten musste und wie es Bärs Tatze gehen mochte, hörte sie ein lautes Platschen.

Sie drehte sich um, und da sprang Bär aus dem Meer, schüttelte sich, dass die Wassertropfen nur so flogen, und galoppierte über den Strand geradewegs auf sie zu. So ausgelassen und fröhlich sprang er über den Sand, dass auch April loslief und auf ihn zurannte.

»Bär!«

Erst als sie knapp zwei Meter voneinander entfernt stehen blieben, schaltete sich bei April die Vorsicht ein, denn er war ein ausgewachsener und möglicherweise höchst gefährlicher Eisbär. Gleichzeitig war sie ein wenig ratlos, wie es jetzt weiterging. Was für eine Begrüßung war angesagt? Sollten sie sich die Hände schütteln, sich umarmen oder Küsschen links und rechts geben? Wohl kaum. Sie war immer noch unschlüssig, als Bär sich auf die Hinterbeine stellte und so durchdringend und ohrenbetäubend brüllte, wie es nur ging.

Und ohne nachzudenken, öffnete April ebenfalls den Mund und brüllte, so laut sie konnte. Zugegeben, mit seinem Brüllen konnte sie nicht mithalten, aber das war egal. Schnurzpiepegal. Denn in diesem Moment vergaß sie alles andere auf der Welt.

Und wie durch Zauberei verschwand mit dem Brüllen das letzte bisschen Schmerz in ihrer Brust.

So also begrüßte man einen Eisbären.

Bär ließ sich wieder auf alle viere sinken und schüttelte die letzten Wassertropfen aus dem weißen Pelz, wobei Meerwasser, Sand und Dreck überallhin spritzten, vor allem auf April. Sie wischte sich das Gesicht mit dem Handschuh ab, und als sie wieder gucken konnte, hätte sie schwören können, dass Bär grinste.

»Hallo, mein Freund.«

Aus der Nähe sah sie wieder, wie klapperdürr er war. Sein Fell war nicht weiß glänzend, sondern stumpf und verfilzt. Seine Tatzen waren leicht gelblich, die Zähne ebenso. Seine Augen waren von dem gleichen Schokoladenbraun wie Aprils Haare. Seine puscheligen runden Ohren – wahrscheinlich das Schönste an ihm – tanzten vor Schalk und Lebenslust. Wenn er sich vorbeugte, kitzelte sein Fell sie im Gesicht, sodass sie kichern musste. Und schließlich seine samtschwarze Nase, mit der er sie beschnupperte, wie Tiere es tun, so kalt und nass, dass April laut lachen musste.

»Hey, du bist ja gar nicht so gefährlich!«, rief sie. »Und ja, ich weiß genau, was du willst. Ich hab dir Erdnussbutter mitgebracht. Aber darf ich mir erst mal deine Tatze ansehen?«

Die hatte April zwar gestern schon untersucht, aber sie wollte nicht übergriffig sein. Ein Tier wie Bär musste stets mit Respekt behandelt werden. Erst als sie sicher sein konnte, dass er es sich gefallen ließ, kniete sie sich vorsichtig neben seinen Füßen hin.

»Jetzt schön stillhalten. Es dauert auch nicht lange.«

Die Tatze sah schon nicht mehr ganz so geschwollen aus, war jedoch immer noch mit feuerroten Striemen überzogen, wo das Plastik in die Haut geschnitten hatte.

Weil er so riesig war, musste sie die ganze Tube verbrauchen, um die wunden Stellen mit Salbe einzureiben.

»So. Morgen bringe ich noch mal Salbe mit, aber das müsste jetzt ganz gut heilen.«

Mit einem erleichterten Seufzer setzte sie sich auf die Fersen. Wenn ihr Vater über Berufe sprach, meinte er oft, dass sie eine gute Tierärztin abgäbe. Aber April glaubte nicht, dass sie jemals ein Tier einschläfern könnte.

»Es reicht erst mal, dass wir dich gerettet haben«, sagte sie. »Und wer möchte jetzt ein bisschen Erdnussbutter haben?!«

Bär schnaubte und schnupperte und stieß ihr ungeduldig an die Schulter.

»Moment!«, sagte sie. »Erst muss ich den Tisch decken.«

April holte eine Decke aus ihrem Rucksack und breitete sie neben dem Boot aus, wo es nicht ganz so windig war. In die Mitte stellte sie die Erdnussbutter, die Haferkekse und ein paar Rosinen. Es war kein besonders üppiges Picknick, schon gar nicht für einen hungrigen Eisbären, aber es sah schön aus, und das musste reichen. Bär saß auf dem kalten Kiesstrand und wartete auf sein Fressen, während April sich mit dem Gesicht zu ihm auf die Decke setzte.

War sie zu alt für ein Picknick? Ach was. Sie hatte noch nie bei einer Freundin übernachtet, geschweige denn, dass sie je zu einer Freundesgruppe gehört hätte. Und jetzt, entschied sie, während sie laut und zufrieden an ihrem Keks knusperte, holte sie das Versäumte eben nach.

»Ich weiß, dass du wartest!«, sagte sie. »Einen Moment noch.«

Da Bär kein Messer benutzen konnte, strich sie die Erdnussbutter in dicken Klecksen auf die Kekse und legte ihm den ersten neben die Tatze. Ehe sie die Hand zurückziehen konnte, war der Keks schon verschlungen. Bär fraß schnell, so schnell, dass er wahrscheinlich nicht mal kaute – die Kekse verschwanden einfach in seinem Schlund. Am Ende gab sie ihm die ganze Packung, und dann fraß er auch die – mit Pappschachtel und allem.

»Hast du immer noch Hunger?«

Sie schob das halb volle Glas Erdnussbutter über die Decke, und einen Augenblick dachte sie, er würde das ganze Glas verschlingen. Doch im letzten Moment hielt er inne und benutzte seine lange rosa Zunge, um die Erdnussbutter bis zum letzten Fitzelchen herauszuschlecken.

»Nächstes Mal muss ich dir mehr zu fressen mitbringen«, sagte sie und ging im Geist die Vorratskammer durch. »Dad merkt das bestimmt gar nicht. Außerdem mag er sowieso keine Erdnussbutter. Das weiß ich! Er ist anders als wir beide. Ehrlich gesagt ist er ein bisschen anders als alle anderen Menschen. Aber er kann nichts dafür.«

Bär steckte die Tatze in das leere Glas, doch er fand nichts mehr zu fressen. Da blickte er auf und schaute April fragend an.

Als sie über ihren Vater sprach, fiel ihr wieder ein, wie er sie angeschrien hatte. Der Schmerz darüber war verflogen, aber ein wenig traurig war sie noch.

»Ich weiß ja, dass er nicht wütend auf mich war. Jedenfalls nicht tief im Innern. Er ist gestresst von der Arbeit, aber das ist auch nicht der Hauptgrund.« Sie blickte auf. Bär war von etwas im Meer abgelenkt, aber wenn er sie nicht ansah, war es irgendwie leichter, zu reden. »Weißt du, warum er wirklich wütend war? Es ist zwar schon sieben Jahre her, dass Mum gestorben ist, aber für ihn fühlt es sich so frisch an, als wäre es gestern passiert.«

Sie folgte Bärs Blick dorthin, wo die Wellen mit hartem, zornigem Keuchen ans Ufer schlugen. Sieben Jahre, und ihr Vater war wütend, weil das Gefühl in seinem Innern so groß, so gewaltig und bodenlos war, dass es sich auf ganz unterschiedliche Art und Weise Bahn brach. Er war wütend, weil er ihre Mum vermisste, und auch wenn Granny Apples fand, dass das übertrieben sei und dass es jetzt allmählich mal gut sein müsse, war er immer noch nicht darüber hinweg.

April wandte sich wieder zu Bär, der sie jetzt anschaute. »Und manchmal …«, flüsterte sie. »Manchmal glaube ich, er kommt nie darüber hinweg.«

Bär legte den Kopf schief und spürte dem Klang ihrer Stimme nach, als ahnte er, dass sie etwas Wichtiges zu sagen hatte.

»Es wäre so schön …«, setzte sie an, doch dann verstummte sie und zupfte an einem losen Faden an ihrem Handschuh. »Es wäre so schön … wenn er eine neue Frau finden könnte«, sagte sie schließlich. »Ich weiß, dass ich das nicht sagen sollte, weil ich meine Mum hatte. Ehrlich gesagt weiß ich nicht mehr viel von ihr, außer dass sie aus Regenbögen gemacht war. Aber sie ist nicht mehr da, und ich glaube, Dad ist einsam und es würde ihm helfen, jemand Neues kennenzulernen. Natürlich jemand Nettes. Keine Regenbogenfrau – nicht jeder kann aus Regenbögen gemacht sein –, aber eine, die genauso lieb ist.«

Eine Möwe kreischte laut über ihrem Kopf, und schließlich wagte April, aufzublicken. Sie hatte sich noch nie getraut, all das auszusprechen. Ob Bär von ihr enttäuscht war? Er konnte ja nicht genau verstehen, was sie sagte, aber April hatte den Eindruck, dass er nicht böse war. Der Blick seiner Augen war noch weicher als sonst, wie geschmolzene Schokolade in einem warmen Brownie, und sein Gesichtsausdruck ermutigte sie zu sprechen, sich alles von der Seele zu reden und ihm ihre Geheimnisse anzuvertrauen.

Sie holte tief Luft.

»Ja … da ist etwas, was ich nie ausspreche.« Sie riss den Faden ab und hielt ihn kurz in der Hand, bis der Wind ihn fortriss. »Du kannst Dinge sehen, stimmt's, Bär? Unausgesprochene Dinge. Ich bin auch ein bisschen so. Ich glaube, das kommt, wenn man so viel Zeit allein verbringt. Also, ja, ich wünsche mir das nicht nur für Dad.« Sie schluckte. »Auch für mich. Ich … ich hätte auch nichts gegen eine neue Mutter. Eine, die da ist, wenn ich aus der Schule komme, und das Haus warm macht, die mir alle möglichen Fragen stellt, wie mein Tag war und so, und die mit mir vielleicht sogar hin und wieder zu einem richtigen Friseur geht.«

In dem Schweigen, das darauf folgte, schlug das Meer auf den Strand, die Insel summte zu ihrer eigenen Strömung, die Sonne verschwand hinter einer Wolke und tauchte sogleich wieder auf. April zog die Knie an die Brust, um ihr rohes, pochendes Herz zu verbergen, und drückte das Gesicht an die Knie.

Sie hatte zu viel gesagt.

Das wollte sie nicht. Die Worte waren einfach aus ihr herausgeströmt. Und jetzt konnte sie sie nicht mehr zurücknehmen. Der Wind hatte sie bereits fortgetragen, und jetzt waren sie irgendwo da draußen. Und da würden sie für immer bleiben. Was wäre, wenn sie bis zur Hütte gelangten? Konnte das passieren? Was, wenn – ihr Atem jagte wild durch ihre Brust –, was, wenn ihr Vater ihre Worte gehört hatte? Sie könnte es sich nie verzeihen, wenn sie ihm wehgetan hätte.

Solche quälenden, scheußlichen Gedanken rasten durch ihren Kopf, und so schlimm wie jetzt hatte ihr Magen nicht mal bei den schlimmsten Prüfungen gekniffen, nicht einmal damals, als die Mädchen sie in der Schule ausgelacht hatten, und nicht mal an dem Tag, als sie eine tote Katze auf der Straße gesehen hatte.

April rieb sich die Augen, und ohne es zu merken, lehnte sie sich an Bärs weiches Fell. Er bewegte sich ein bisschen, wich jedoch nicht zurück, und so legte sie die Wange an seine Schulter und ließ sie sanft dort liegen.

Dreizehntes Kapitel

Keine Schule mehr

Als April später darüber nachdachte, wurde ihr klar, dass Bär vermutlich nicht verstand, was sie sagte. Jedenfalls nicht in allen Einzelheiten. Aber manchmal – vielleicht sogar oft – kam es auf die Einzelheiten gar nicht so an. Viel wichtiger war das Gefühl dahinter.

Und in diesem Moment hatte Bär anscheinend irgendetwas an ihr bemerkt, so wie Tiere manchmal ein untrügliches Gespür für Dinge haben, die Menschen nicht sehen. Hatte sie nicht mal gelesen, dass Katzen es merken, wenn ein Sturm im Anzug ist? Und dass Pferde es spüren, wenn man Angst hat? Und dass Hunde einem Menschen die Gefühle mit einem einzigen Blick vom Gesicht ablesen können? Tiere hatten diese Art Intelligenz. Nicht so, dass sie Prüfungen in der Schule bestehen könnten. Aber sie verstanden die Welt – und die Menschen darin – auf eine andere Weise.

Sie verstanden die Welt mit dem Gefühl.

Und April wusste, dass Bär ihre Gefühle genau verstanden hatte. Besser, als es ihrem Vater in den letzten Jahren gelungen war. Sogar besser als Granny Apples, die auf ihre gut gemeinte, aber leicht unbedachte Art manchmal danebenlag.

Während sich der Sonnenschein in warmen Apricottönen über die Insel ausbreitete, lief April nach Hause. Bis auf das glimmende Kaminfeuer und eine zähe, klebrige Stille gab es in der Hütte kein Lebenszeichen.

Ob ihr Vater schlief?

Vor seinem Schlafzimmer blieb sie stehen. Sie ließ die Hand unsicher über dem Türgriff schweben, doch ihr fehlte der Mut, hineinzugehen. Stattdessen schlich sie auf Zehenspitzen in ihr Zimmer und schloss lautlos die Tür hinter sich. Erst als sie schon am Bett war, sah sie die Teekanne auf dem Boden.

»Oh.«

Sie hob sie hoch und nahm den Deckel ab. Der Duft nach Kakao strömte heraus wie galoppierende

Einhörner. Obwohl er nur noch lauwarm war, trank April ihn direkt aus der Tülle, bis kein Tropfen mehr übrig war. Und in dieser Nacht hatte sie den besten, tiefsten, samtigsten Schlaf seit ihrer Ankunft auf der Insel.

Als der Morgen kam – jedenfalls nahm sie an, dass es Morgen war, aber ohne die Nacht, die das Tageslicht unterbrach, war das schwer zu sagen –, lag April im Bett, die Decke bis zur Nase gezogen. Obwohl sie sich an die Kälte gewöhnt hatte, war es morgens immer noch schlimm. Anstatt aufzustehen, blieb sie zitternd unter der Decke liegen und verband in Gedanken alle Punkte miteinander, um zu begreifen, wie ein Eisbär unbemerkt auf der Băreninsel hatte landen können.

So weit war sie mit ihren Überlegungen bisher gekommen:

- Aus dem Gespräch mit ihrem Vater schloss sie, dass die bisherigen Meteorologen schlichtweg keine Zeit gehabt hatten, die Insel zu erkunden.
- So war es relativ einfach für Bär gewesen, sich unbemerkt auf der anderen Seite der Insel aufzuhalten.

- Er musste schon einmal Menschen gesehen haben, aber nur aus der Ferne.
- Er schien zwar ausgewachsen zu sein, aber er wirkte noch jung. Eisbären konnten ungefähr zwanzig Jahre alt werden. Dann war er vielleicht so alt wie sie oder jünger?
- Aber sie wusste immer noch nicht, wie lange er schon hier war.
- Und wenn das Eis um die Bäreninsel geschmolzen war, wie war er dann überhaupt hergekommen?

Das musste sie unbedingt herausfinden. Sie wusste nicht, wie, und sie wusste nicht, wann, aber sie würde es ergründen.

Doch jetzt – sie spitzte die Ohren und lauschte, ob sie Musik hörte – war es Zeit, aufzustehen. Mit gefletschten Zähnen sprang sie aus dem Bett und zog sich rasch an. Das Wetter änderte sich hier schnell, was damit zu tun hatte, dass die Insel drei unterschiedlichen Wetterfronten ausgesetzt war, doch eins war gewiss: Kalt war es immer. Als sie sämtliche Schichten anhatte, war sie fast doppelt so dick, und sie tapste hinüber ins Wohnzimmer.

Gut. Ihr Vater war noch nicht auf. Da es in der Hütte

genauso kalt war wie draußen, brauchten sie Feuer. Darum kümmerte sich normalerweise ihr Vater, aber sie war praktisch veranlagt und hatte zu Hause schon oft den Kamin angezündet, und so brachte sie an diesem Morgen das Feuer zum Brennen. Dann schaltete sie den Wasserkocher ein, spülte die Tasse ihres Vaters ab und holte seine Lieblingsmarmelade heraus. Sie machte sogar die Küchentheke sauber und wischte den Boden.

Als ihr Vater in seinem besten Anzug aus dem Schlafzimmer auftauchte, fragte er sie, welches Mozart-Album sie am liebsten zum Frühstück hören wollte. Dann bot er an, den gesamten Abwasch zu machen – im Spülbecken hatten sich einige leere Suppendosen, Töpfe und Löffel angesammelt. Und, das Erstaunlichste von allem, er wollte sogar die Wäsche waschen.

»April …«, sagte er, nachdem er konzentriert seine erste Tasse Kaffee getrunken hatte.

Sie blickte auf, und er wurde rot.

Er machte »Hmm« und »Äähh« und räusperte sich ein paarmal. Nach einem weiteren Räuspern schob er ihr seine Tagesration Anisbonbons zu, drei Stück. »Hier, die sind für dich.«

April nahm sie. Es waren nicht ihre Lieblingsbonbons, aber sie wusste die Geste zu schätzen. Manchmal dachte sie über andere Familien nach, in denen man einfach »Es tut mir leid« sagte, und fragte sich, ob das hier leichter oder schwerer war. Aber da sie es nicht anders kannte, hielt sie sich mit diesen Gedanken nicht allzu lange auf. So war es nun mal.

Eine Frage hatte sie aber noch. Und jetzt war genau der richtige Moment, um sie zu stellen.

»Dad?«

»Ja, April?«

»Eigentlich ist jetzt ja Sommeranfang. Muss ich dann trotzdem noch zur Schule?«

»Hm … also … das weiß ich nicht so genau«, sagte er, von seiner zweiten Tasse Kaffee abgelenkt, die immer noch zu heiß zum Trinken war. »Das wäre schon ein bisschen früh, oder? Jetzt schon Ferien zu machen?«

»Für meine Schule zu Hause wäre es früh, ja«, antwortete sie. »Aber nicht für Norwegen. Guck mal.« Sie zeigte mit dem Finger auf die aufgeschlagene Seite des Lexikons, die sie schon herausgesucht hatte. »In Norwegen hört die Schule viel früher auf. Das hat mit dem Wetter zu tun.«

Er guckte ein bisschen verwirrt, mit Marmelade am Kinn und gerunzelter Stirn. »Ich … tja, das heißt dann …«

April hielt den Atem an.

Bestimmt sagte er Nein – das Wort schwebte schon durchs Zimmer wie ein übler Geruch –, aber am Ende, und darauf hatte sie gehofft, siegte sein schlechtes Gewissen.

»Na gut. Ich wüsste nicht, was dagegenspricht.« Er lächelte schwach. »Solange wir in Norwegen sind ... oder jedenfalls auf norwegischem Gebiet.«

Er machte sich nicht die Mühe, ins Lexikon zu schauen – und das war auch gut so, denn April hatte eine Kleinigkeit verschwiegen. Sie hatte nicht direkt gelogen, die Schule in Norwegen hörte wirklich früher auf.

Aber nicht *so* früh.

»Dann war's das also, oder?«, fragte sie und schlug das Lexikon zu. »Keine Schule mehr.«

Ihr Vater nahm seinen immer noch zu heißen Kaffee und schlürfte laut. Noch ehe er seine Tasse wieder hingestellt hatte, war April schon zur Tür hinausgesprungen und summte ihr fröhliches Lied.

Und das ging ungefähr so:

Ich bin glücklich, glücklich, GLÜCKLICH.
So, so, so, SO glücklich.

Bin voller Sonnenschein und Spiele
Fürchte nicht mal Krokodile!
Ich bin glücklich, glücklich, GLÜCKLICH.

Und zu guter Letzt brüllte sie wie ein Bär.

Vierzehntes Kapitel

Bärenritt

Keine Schule mehr.

Keine Schule mehr! Das kann nur eins bedeuten, dachte April, während sie springend und wirbelnd über die Insel tanzte. Der Sommer hat wirklich begonnen!

Bär hatte anscheinend denselben Gedanken, denn als sie in der Walrossbucht ankam, wälzte er sich im Sand und schrubbte sich ordentlich den Rücken – so fröhlich hatte sie ihn noch nie erlebt. Sie schaute ihm zu, und in ihrem Bauch kribbelte es vor Freude darüber, dass sie die Insel mit so einem prächtigen Wesen teilte.

»Da bin ich!«, rief sie. Bär sprang auf die Füße, schüttelte den Sand ab und galoppierte auf sie zu. Mit seiner schieren Kraft warf er sie fast um.

»Hallo.«

Nach kurzem Zögern beugte er sich vor, und sie hatte nur ein kleines bisschen Angst, als sie ihm erlaubte, ihr Gesicht zu beschnuppern, was – neben einem Willkommensbrüllen – offenbar seine Art war, Hallo zu sagen. Eine nasse Schnauze an ihren sieben Sommersprossen und ein Schlabbern an ihrer Nase.

»Igitt, dein Atem!«, keuchte sie und wich zurück.

Nachdem sie kurz seine Tatze in Augenschein genommen hatte, die schon viel besser aussah, teilte sie vier Päckchen Haferkekse aus, zwei Gläser Erdnussbutter und drei Anisbonbons von ihrem Vater. Bär verschlang alles in Sekundenschnelle.

»Wovon hast du dich bisher ernährt?«, fragte sie sanft. »Warum bist du ganz allein hier?«

April wartete auf eine Antwort, aber da kam nichts, nur seine nasse Schnauze, die sich auf der Suche nach Kekskrümeln in ihre Hand drückte.

»Keine Sorge. Jetzt, wo deine Tatze verheilt ist, kannst du wieder jagen gehen.« Auf den Felsen um die Insel herum hatte April ein paar Robben gesehen, doch sie wusste auch, dass Eisbären, um sie zu fangen, das Eis als eine Art Plattform brauchten. Es musste noch andere Tiere geben, die Eisbären jagen konnten, auch wenn April sich nicht hundertprozentig sicher war. »Keine

Sorge, ich bringe dir immer genug Erdnussbutter zu futtern mit.«

Bär schleckte die letzten Krümel auf, dann setzte er sich neben sie, wobei sein warmer Körper ihren ganz leicht berührte. Während sie mit dem Rücken an dem Boot lehnten, überlegte April, was sie anstellen könnten.

»Wir haben den ganzen Sommer, Bär. Was sagst du dazu? Das ist der restliche Mai, dann der ganze Juni, Juli, August und September! Das ist SOOO lang.« Sie breitete die Arme so weit aus, wie sie konnte.

Bär guckte sie verdutzt an. Zugegeben, die Spannweite ihrer Arme war längst nicht so groß wie seine.

»Es ist trotzdem eine Menge. Aber erst mal ist heute. Der ganze Tag liegt vor uns.«

Das schien Bär zu verstehen, und er zeigte seine Zähne, was man halbwegs als Grinsen deuten konnte. Möglicherweise gähnte er aber auch nur.

»Also, was wollen wir machen?« Sie wedelte aufgeregt mit der Hand. »Ich weiß! Wir gehen auf Erkundungstour!«

Sie sprang auf die Füße, und sofort tat Bär es ihr gleich, indem er sich langsam auf alle viere stellte. Sie wusste nicht, wohin genau sie gehen sollte, dennoch trat sie mit kleinen, selbstsicheren Schritten auf die drei Berge zu. Doch als sie sich umdrehte, hatte Bär sich in die entgegengesetzte Richtung gewandt und lief mit langen, schlaksigen Schritten voran.

April schaute ratlos auf seinen Hinterleib, der sich immer weiter entfernte. »Wo willst du hin?«

Bär blieb nicht stehen, warf jedoch einen Blick zurück über die Schulter. Mehr Ermutigung brauchte sie nicht, und sie rannte ihm hinterher.

»Warte!«, rief sie. »Du musst langsamer laufen!«

Aber ganz egal, wie langsam Bär lief, er war immer noch viel schneller als April, wie sehr sie sich auch abmühte. Das war noch schlimmer, als neben ihrem Vater herzugehen, der einen Schritt machte, wenn sie vier brauchte. Es hatte keinen Sinn. Bär lief immer vorneweg und wartete dann ungeduldig auf April, während sie außer Atem versuchte, hinter ihm herzurennen.

Etwa zwanzig Minuten später, als ihre Lunge brannte und sie Seitenstechen hatte, blieb sie vor einem Teich stehen, über den Bär so leicht hinwegsprang wie über eine Pfütze. Die ersten Teiche hatte sie geschafft, aber dieser war viel breiter.

»Bär!«, rief sie, doch der Wind riss ihre Stimme fort, und Bär verschwand aus ihrer Sicht.

Der Teich war zu lang, um drum herumzugehen, also hatte sie keine Wahl – sie musste einfach springen.

Sie holte tief Luft und warf sich weit nach vorn, doch schon im Flug wusste sie, dass sie einen Fehler gemacht hatte. Mit einem entsetzlichen Plumps landete sie halb im Wasser, halb draußen und merkte, wie sie mit dem Fuß umknickte.

Erschrocken schrie sie auf.

Das Wasser war kalt und schwappte gegen ihre Füße. Gut, dass sie eine wasserfeste Hose anhatte. Sie krabbelte hinaus und brach atemlos und durchnässt zusammen. Bär war nirgends zu sehen, und ihr wurde

etwas mulmig. Wo genau war sie hier? Und vor allem, wie kam sie wieder nach Hause? Sie belastete probeweise ihren Knöchel, und sofort schoss ihr ein heftiger Schmerz das Bein hoch.

So viel zum ersten Tag der Sommerferien. Was für eine alberne Idee, sie könnte mit einem Eisbären befreundet sein – geschweige denn ihm helfen. Was hatte sie sich dabei gedacht? Er war ein wildes Tier, und sie war nur ein kleines Mädchen. Ein kleines Mädchen, das nicht mal über einen Teich springen konnte.

April ließ das Gesicht in die Hände sinken und versuchte, sich nicht zu sehr zu bedauern.

Und da tauchte er wieder auf. So leise, dass sie es gar nicht bemerkte, bis er drei Meter vor ihr stand und sein Kopf einen gewaltigen Schatten auf ihren Schoß warf.

»Bär?«

Gegen das Sonnenlicht konnte sie nur seine Silhouette sehen. »Ich wollte unbedingt mit dir Schritt halten, und da bin ich hingefallen«, erklärte sie und zeigte auf ihren Knöchel. »Ich glaub nicht, dass er gebrochen ist. Nur verknackst. Aber ich kann nicht richtig laufen.«

Bär rührte sich nicht. Natürlich verstand er sie nicht, aber die Neugier trieb ihn näher, bis er direkt über ihr stand.

»Ich kann nicht weiter«, sagte sie. »Es tut mir so leid.«

Sie wusste nicht genau, weshalb sie um Entschuldigung bat – nur dass sie traurig war, als hätte sie ihren gemeinsamen Tag verdorben. Bär reckte seine Schnauze vor und leckte ihr das Wasser von der Hose. Er konnte ja nicht wissen, wo sie verletzt war, aber er schien ihren Knöchel besonders sanft abzulecken, so wie ihr Vater ihre Schürfwunden abwusch, wenn sie mit dem Rad gestürzt war.

»Danke, Bär.« Auf einmal war sie gerührt. »Jetzt fühlt es sich schon viel besser an.«

Sie fragte sich, wie sie bloß nach Hause kommen

sollte, und versuchte sich nicht allzu sehr zu sorgen, als er sie an die Schulter stupste.

»Was ist?«

Wieder stupste er sie an die Schulter, diesmal kräftiger.

»Ich kann versuchen zu gehen, aber guck mal.« Sie stand auf und versuchte den Fuß zu belasten, zuckte aber sofort zusammen. »Ich bin zu langsam.«

Sie setzte sich wieder hin und machte ihr allertapferstes Gesicht. Bär ließ sich auf den Bauch sinken, sodass er auf ihrer Höhe war, und schaute sie erwartungsvoll an.

»Was ist, Bär?«

Er schaute sie weiter an, und ein Zittern durchfuhr sie. Er konnte doch wohl nicht meinen, dass …

»Du willst, dass ich aufsteige?«, rief sie. »Aber ich bin noch nie geritten, nicht mal auf einem Pferd, geschweige denn auf einem Bären! O Mann!«

Passierte das hier wirklich? Sie schloss die Augen in der blendenden Sonne und machte sie wieder auf. Doch Bär war immer noch da und kauerte geduldig vor ihr.

Sie hatte gar keine Wahl. Wenn sie es nicht versuchte, kam sie hier nicht mehr weg. Kneifen kam also nicht infrage. April holte tief Luft, dann packte sie sein Nackenfell und schwang das linke Bein über seinen Rücken. Unter ihren Schenkeln spürte sie seinen knochigen Brustkorb.

»Ach, Bär«, murmelte sie. »Bist du dir sicher, dass du mich tragen kannst?«

Bär brüllte entrüstet und richtete sich mit einer majestätischen Bewegung auf. Sie schwankte von einer Seite zur anderen, doch sie schaffte es, sich oben zu halten, bis er schließlich stand. Von dieser hohen Warte

schaute sie über die Insel und kam sich unweigerlich vor wie auf einem Thron.

»Das ist lustig!«

Doch kaum hatte sie die Worte ausgesprochen, preschte Bär los, und sie wurde nach links geschleudert, dann nach rechts, und so ging es weiter ruckartig hin und her. Der Wind sauste ihr um die Ohren, der Boden hob und senkte sich, und das Schlimmste war, dass sie nichts zum Festhalten hatte als die Fellbüschel in seinem Nacken, die ihr immer wieder aus den Händen glitten.

Am Ende beugte sie sich vor und schlang die Arme um seinen Hals, presste die Wange in sein Fell und klammerte sich fest. Auf diese Weise hüpfte ihr Po, wenn sie die Augen fest zukniff, nicht ganz so doll, ihre Rippen klapperten nicht ganz so laut, und die Gefahr, dass sich ihr der Magen umdrehte, war gebannt.

Nach einer Weile wurde ihr dabei auch schön warm.

Bärs gleichmäßiger Puls pochte an ihrer Haut, und das hatte etwas Tröstliches und Beruhigendes. Als käme man nach einem Schultag nach Hause und das Haus duftete nach frisch gebackenen Schokoladen-Cupcakes.

Wenn die Mädchen aus ihrer Klasse sie jetzt sehen könnten … dann würden sie nicht mehr lachen, oder?

Ganz bestimmt nicht. Denn während die in der stinklangweiligen Schule hockten, galoppierte April Wood auf dem Rücken eines Eisbären über eine wilde, unbewohnte Insel.

Fünfzehntes Kapitel

Die Höhle

Der Ritt konnte fünf Minuten oder fünf Stunden gedauert haben. Wie lang er auch war – und April achtete nicht darauf –, er war zeitlos. Sie wusste, dass sie diesen Moment nie in ihrem ganzen Leben vergessen würde. Als er schließlich zu Ende war, glitt sie von Bär hinab und spürte tief in ihrer Seele, dass das Leben nie wieder so sein konnte wie zuvor.

Es gab keine Worte, um ihm zu danken, deshalb schlang sie die Arme um seinen Hals und drückte ihn fest. Nicht zu fest, um ihn nicht zu beunruhigen, aber doch so fest, dass er das leise Klopfen ihres Herzens spüren konnte.

»Oh, Bär«, flüsterte sie und legte das Gesicht an sein Fell.

Als sie ihn endlich losließ, schlich er in Richtung Walrossbucht davon, und April sah ihm nach, wie er immer kleiner wurde und schließlich ganz aus ihrer Sicht verschwand. Dann schüttelte sie sich, schaute sich um und stellte fest, dass sie nicht allzu weit von der Hütte entfernt war, sodass sie den Rest des Weges allein zurückhumpeln konnte.

Obwohl sie es langweilig fand, drinnen zu hocken, war April vernünftig genug, sich ein paar Tage in der Hütte auszuruhen, bis ihr Knöchel ganz wiederhergestellt war. Doch sobald sie konnte, lief sie wieder zur Walrossbucht, ausgerüstet mit Essen. Sie seufzte erleichtert, als sie sah, dass Bär auf sie wartete, und gab ihm ein Extraglas Erdnussbutter.

In den darauffolgenden Wochen, als der Mai in den Juni überging, versuchte sie so viel Essen wie möglich aus der Vorratskammer zu schmuggeln, ohne dass es auffiel. Das war nicht so schwierig, denn ihr Vater vergrub sich in seine Arbeit und merkte kaum, ob April da war oder nicht. Das einzige Problem waren die Mengen, die Bär vertilgte. Er aß viel mehr als sie oder ihr Vater oder irgendjemand, den sie kannte. Die Vorräte in der Speisekammer waren begrenzt, während Bärs

Magen ein Fass ohne Boden war, und ganz gleich, wie viel sie ihm mitbrachte, er schaute sie immer noch mit seinen Schokoladenaugen an und bat um mehr.

Sie stand an dem Boot in der Walrossbucht, die zu ihrem täglichen Treffpunkt geworden war, und er galoppierte auf sie zu. Das Gute war, dass sich die täglichen Snacks allmählich bemerkbar machten. Sein Pelz war längst nicht mehr so verfilzt, seine Hüftknochen standen nicht mehr ganz so hervor, und wenn sie auf ihm ritt (was ihr jedes Mal Ehrfurcht einflößte), merkte sie, dass seine Wirbelsäule in seinem dicken, breiten Rücken aus Muskeln und Sehnen fast verschwand. Aber das Beste war wirklich sein Fell. Von all dem zusätzlichen Futter war es so weich geworden wie eine Fleecedecke, in die man sich auf dem Sofa kuschelt. Er roch nach gerösteten Marshmallows, Kastanien und warmen, buttrigen Crumpets. Und wenn sie ihre Nase in seinem Fell vergrub, bildete sie sich sogar ein, Erdnussbutter auf der Zunge zu schmecken.

Nachdem er alle mitgebrachten Sachen aufgefressen hatte, schnüffelte er noch eine Weile an ihren Taschen, für den Fall, dass er etwas übersehen hatte.

»Alles alle«, sagte sie. »Von jetzt an müssen wir uns das Essen gut einteilen.«

Er sah sie fragend an und stupste hoffnungsvoll gegen ihre Hand.

»Außerdem«, sagte sie, »hast du mir immer noch nicht gezeigt, wo du wohnst. Du weißt jede Menge über mich, aber es gibt immer noch so vieles, was ich nicht über dich weiß!«

Bär guckte sie verdutzt an. Sie war sich nicht sicher, ob das bedeutete, dass er sie verstand oder dass er immer noch hungrig war. Aber als er begriff, dass kein Futter mehr kam, ließ er April aufsteigen. Kaum saß sie auf seinem Rücken, machte er sich auf den Weg zu einem der drei Berge, der zwar der kleinste, aber dennoch wahnsinnig steil war. April musste die Augen schließen, denn den Hang eines Berges hinabzuschauen, war noch viel schlimmer als alle Achterbahnen, mit denen sie je gefahren war – und hier gab es keinen Sicherheitsbügel. Doch ihre Sorge war unbegründet. Geschmeidig wie ein Tiger kletterte Bär den Berg hinauf bis zu einem schmalen Felsvorsprung auf halber Höhe, ehe er vor einer mittelgroßen Höhle stehen blieb.

Bärs Zuhause.

April musste sich ganz flach auf seinen Rücken legen, damit sie zu zweit eintreten konnten. Als sie drin waren, öffnete sich die Höhle, sodass April sich von seinem Rücken gleiten lassen und aufrecht stehen konnte. Sie konnte kaum etwas erkennen und hatte keine Ahnung, wie tief die Höhle in den Berg hineinragte. Aber sie bot Schutz vor den Elementen und war ein perfektes Versteck.

»Sehr gemütlich ist es hier nicht, oder?«

Sie kniff die Augen zusammen, um sich an die Dunkelheit zu gewöhnen. Bär, groß und weiß, war nicht zu übersehen, doch der Rest der Höhle war in trübfeuchte Finsternis gehüllt. In einer Ecke ließ sich ein kleiner Haufen aus Federn, Eierschalen und Knochen erahnen, aber so genau wollte April sich das lieber nicht anschauen. Immerhin hatte sie jetzt eine Ahnung davon, wie er sich seine Nahrung beschaffte. Aber was für ein Leben. Die ganze Höhle roch modrig, und unwillkürlich schauderte es sie. Sie streckte die Hand aus und streichelte sein Maul. Zwar stand im Lexikon, dass männliche Eisbären Einzelgänger sind (außer wenn sie sich paaren wollen oder hier und da in einen Kampf geraten), trotzdem tat er ihr leid.

»Du Ärmster. Wie lange lebst du hier schon ganz allein?«

Bär brummte leise. Es war kein fröhliches, zufriedenes Brummen, sondern klang eher frustriert, wütend. Dieses Brummen sprach nicht von Monaten, sondern von Jahren. Die Vorstellung, dass er in dieser Höhle festsaß, ohne die Chance, jemandem von seiner Art zu begegnen, war fast unerträglich.

»Wie kommt es, dass du hier auf der Insel festsitzt?«

Wieder brummte er, und eine Weile schwebte seine Geschichte unausgesprochen zwischen ihnen in der Luft, wie ein zitterndes Wesen.

April hielt den Atem an.

Doch was für eine Geschichte er auch haben mochte und woher sie auch gekommen war – sie verzog sich wie eine Rauchwolke. Bär schüttelte energisch den Kopf, und instinktiv gingen sie zum Eingang der Höhle, wo die Luft sich sofort sauber und leicht anfühlte.

In dem plötzlichen strahlenden Sonnenschein, der ihre Gesichter wie Honig überzog, wandte Bär sich zu April und leckte ihr das Gesicht von oben bis unten ab. Und weil das so überraschend kam und er so schlechten Atem hatte und eine so nasse Zunge, fing April an zu kichern. Es war ein Lachen nach einem traurigen Moment, laut und erleichtert. Sie lachte und lachte so sehr, dass sie auf den Rücken purzelte und sich den Bauch hielt. Und dann purzelte Bär neben sie und lag auch auf

dem Rücken. Seine Ohren zuckten, und es war so, als ob er ebenfalls lachte. So lagen sie in der Höhlenöffnung und kringelten sich vor Lachen.

»Ach, Bär«, brachte sie schließlich heraus. »Ich hab dich echt lieb.«

Er konnte nicht »Ich hab dich lieb« sagen, aber das war auch nicht nötig.

Sie spürte es an dem warmen, tröstlichen Gewicht seines Körpers neben ihrem und daran, wie er sie mit seinen weichen Schokoladenaugen vertrauensvoll anschaute. Es blieb unausgesprochen, doch es war da, und das würde immer so sein.

Liebe, dachte sie, ist wie Magie.

Sie beugte sich vor und umarmte ihn. »Was dich auch traurig gemacht hat, du kannst es mir eines Tages erzählen, Bär«, murmelte sie in sein Fell. »Ich hab selber auch traurige Sachen erlebt, denk also nicht, ich könnte das nicht ab. Ich verstehe das schon.«

Bärs Ohren zuckten leicht, und er schmiegte den Kopf in ihre Umarmung.

»Sag einfach Bescheid, wenn du so weit bist. Das ist der beste Moment, um eine Geschichte zu erzählen. Nicht vorher und nicht nachher. Erst wenn sie rauskommen will.« Sie lehnte sich noch näher an ihn und gab ihm einen Kuss auf das Gesicht. »Und … ich verspreche dir, dass ich versuchen werde, dir zu helfen.«

Als er diesmal brüllte, hallte es von den Höhlenwänden wider und wummerte direkt in ihr Herz.

Sechzehntes Kapitel

Brüllunterricht

Den Rest des Tages erkundeten sie die Gegend. Erst führte Bär sie in die östlichsten Ecken der Insel, wo sie auf zerklüfteten Klippen verweilten, die steil in die gewaltigen grauen Wellen abfielen. Und obwohl sie direkt am Abgrund standen und von den wütend brausenden Meereswinden durchgerüttelt wurden, fühlte April sich nie in Gefahr – nicht, solange Bär auf sie aufpasste. Mit ihm konnte es gar nicht gefährlich sein.

»Ich will lernen, so zu brüllen wie du!«, rief sie über das Tosen der Wellen hinweg.

Zum Glück ließ die Vorführung nicht lange auf sich warten. Bär erhob sich auf die Hinterbeine und stieß ein dröhnendes Brüllen aus, das wie ein Stein über die Wellen hüpfte und schließlich in weiter Ferne verklang.

Sie versuchte es ihm nachzutun, doch ihr Brüllen platschte mit einem fetten Bauchklatscher ins Meer. Bär zeigte ihr, wie man die Brust aufblies, sich so groß wie möglich machte – und noch größer – und das Brüllen aus dem Innersten nach oben holte, damit es aus ihrem tiefsten, wildesten Teil kam.

Ihr zweiter Versuch gelang schon ein bisschen besser, war aber immer noch weit entfernt von Bärs ohrenbetäubendem Gebrüll. April übte und übte, bis sie auf die Uhr schaute und sah, dass es schon elf war. Aber sie war kein bisschen müde. Das kam von dem vielen Sonnenschein. Wenn es nicht dunkel wurde, konnte man endlos wach bleiben.

»Ich muss trotzdem nach Hause«, sagte sie. »Aber wir können morgen wieder herkommen, oder? Dann kann ich es noch mal probieren.«

Bär zuckte mit den Ohren, was sie als Zustimmung nahm. Also kamen sie von da an fast jeden Tag her, damit April brüllen üben konnte. Und mit jedem Brüllen wurde sie ein bisschen mehr Bär und ein bisschen weniger Mensch. Es spielte keine Rolle, dass sie klein war. Sie hatte den festen Willen, gehört zu werden, und nur darauf kam es an.

Brüllen war nicht das Einzige, was sie unternahmen.

Als Bär kräftiger wurde, nahm er sie mit zum westlichsten Punkt der Insel, wo das Land in Form von gigantischen, wettergepeitschten Felsen ins Meer ragte und raue, spitze Steine wie Messer aus dem Wasser stachen.

»Ich wusste nicht, dass es so etwas hier gibt, Bär«, flüsterte sie staunend. »Wie schön! Aber ... du willst doch nicht etwa auf die Felsen springen, oder? Oh! Anscheinend doch. Du springst!«

Inzwischen fand sie es nicht mehr so schwer, auf Bär zu reiten – vor allem, wenn sie die Knie in seine muskulösen Flanken presste und den Bauch anspannte, um das Gleichgewicht besser zu halten. Sie hielt sich ganz fest, während er von einem Felsen zum anderen kletterte, als wären es Trittsteine, und so immer weiter hinaus aufs Meer sprang. Die ganze Zeit schnappte das eiskalte Wasser nach ihren Fersen.

Ihr fiel die Warnung ihres Vaters ein, nicht zu nah ans Meeresufer zu gehen, aber sie gab nichts darauf. Schließlich hatte er gesagt, sie solle nicht *alleine* zu nah ans Meeresufer gehen.

Und sie war ja nicht alleine, oder?

»Fangt mich doch, ihr Wellen!«, kreischte sie lachend, als Bär noch höher sprang.

An einem anderen Tag – vielleicht war es der nächste

oder der übernächste oder sogar der überübernächste – nahm Bär sie mit ins Landesinnere, wo er mit seiner ganzen neu gewonnenen Energie durch die glitzernden blauen Seen sprang, als wären es Pfützen. An einem See machte er halt. Das Wasser leuchtete blau wie der Sommerhimmel.

»Ein herzförmiger See!« April hockte sich ans Ufer und ließ die Finger durch das kalte, kristallklare Wasser gleiten. Ihre Spiegelbilder schauten sie verschwommen an – sie schimmerten und tanzten und wirkten fast genauso lebendig und atemlos wie sie selbst. »Ein herzförmiger See nur für uns. Guck mal, wie klein ich neben dir bin! Ich bin winzig«, sagte sie. »Aber wir sind ein gutes Paar, stimmt's, Bär? Das allerbeste.«

Und Bär rieb seine Schnauze an ihrer Schulter.

Als der Juni in den Juli überging, zeigte Bär ihr die Seite der Insel, wo winzige lila Blumen blühten. Dann nahm er sie noch weiter mit hinauf auf den Berg, wo der Schnee immer noch in dicken, kalten Schichten lag, denn auch jetzt im Sommer stiegen die Temperaturen kaum über null. Mehr als einmal nahm April den Schlitten mit und sauste lachend und kreischend den Berg hinunter. Sie machte all das, wonach sie sich gesehnt hatte, damals, als sie erfahren hatte, dass sie zum nördlichen Polarkreis reisen würden, und ihr Herz jauchzte himmelhoch.

An einem anderen Tag sammelten sie den ganzen Müll in der Walrossbuch ein, und Bär half ihr, den Schlitten nach Hause zu ziehen – dabei achteten sie darauf, dass Aprils Vater ihn nicht sah.

Kein Fleck der Insel blieb von ihnen unentdeckt.

Sie erkundeten alle Geheimnisse, alle Ecken und Winkel, alle Nischen und Ritzen, jeden einzelnen Zentimeter der Insel. Sie machten Ausflüge zu allen Seen, Höhlen, Bergen und Bächen. Sie besuchten alle Strände der Insel. Sandstrände, Kiesstrände, Strände, die gar nicht so aussahen, verborgene Strände und auch den Strand, an dem April und ihr Vater angekommen waren. Nicht dass sie an jenen Tag groß zurückgedacht hätte. In ihrer Erinnerung war er so fern wie ihr altes Leben zu Hause. Wie ein undeutliches Trugbild, von dem sie kaum noch glauben konnte, dass es wirklich existiert hatte.

Eines Nachmittags Anfang August saß sie im Schneidersitz in der Walrossbucht, während Bär in den Wellen spielte. Er tauchte ab und kam dann mit salzwassertriefendem Fell wieder hoch. In diesen Tagen sah er so anders aus. Nicht nur, dass sein Pelz schneeweiß glänzte und er solch eine unbändige Kraft ausstrahlte, wie nur ein Tier es kann – er wirkte auch glücklich. Obwohl April noch nie einem anderen Eisbären begegnet war, erkannte sie es an seiner munteren Kopfhaltung, daran, wie er mit der Nase wackelte und wie er sich mit ausgestreckten Beinen wohlig auf dem Boden wälzte. Es war zwar riskant gewesen, aber April war unglaublich froh darüber, dass sie nicht auf Törs Warnung gehört hatte, sondern ihrem eigenen Instinkt gefolgt war.

»Ich bin auch glücklich«, sagte sie und grinste. »Ich hab kein Fell, das ich schütteln kann, aber ich bin glücklich. Weißt du was, Bär, ich glaube, so glücklich war ich noch nie.«

So vergingen die Tage, die nur von dem schillernden Leuchten des Glücks geprägt waren. Es gab keine Morgendämmerung und kein Abendlicht. Selbst Aprils Uhr war stehen geblieben – das hatte irgendwas mit der Nähe zum Nordpol zu tun. Und ohne dass sie die Zeit messen konnte, ging der Tag in die Nacht über und die Nacht in den Tag. Die Zeit bestand nicht länger aus Zeigern auf einer Uhr, sie war weit, unendlich und magisch.

Es war Sommer.

Und es war der beste Sommer von allen.

Siebzehntes Kapitel

Die Insel spricht

Doch wenn da eine Wolke am Horizont war, dann eine von jenen, die immer dunkler werden, ganz gleich, wie lange die Sonne schien. Denn je mehr Bär zu Kräften kam, umso größere Sorgen machte sich April. Nicht nur, dass sie sich einen Abschied von ihm nicht vorstellen konnte. Daran mochte sie gar nicht denken. Noch schlimmer war ein anderer Gedanke: Was sollte aus Bär werden, wenn sie nicht mehr da war? Wie sollte er noch Monate oder gar Jahre ganz allein in dieser düsteren, nasskalten, einsamen Höhle überleben?

Diese Fragen nagten an ihr, wenn sie nicht zusammen waren. Ganz besonders laut und angstvoll meldeten sie sich, wenn sie im Bett lag. Denn sosehr sie sich auch hin und her wälzte, sie fand keine Antwort. Jetzt, da

Bärs Tatze verheilt war, konnte er sich zwar ernähren, aber in Wahrheit gehörte er nicht hierher.

Die Insel war nicht seine Heimat.

Je mehr April darüber nachdachte, desto deutlicher wurde, dass er unmöglich hierbleiben konnte. Aber was konnte man machen? In einer dieser schlaflosen Nächte entschied sie, dass sie nur eine Lösung finden konnte, wenn sie endlich ergründete, wie er überhaupt auf die Insel gelangt war.

Wild entschlossen, etwas herauszufinden, lief April am nächsten Morgen gleich nach dem Aufstehen zur Walrossbucht. Sie war früh dran, Bär war noch gar nicht da, deshalb pfiff sie. Und zwar nicht nur durch die Zähne, sondern richtig auf zwei Fingern, wie sie es sich bei den Fischern in der Nähe von Granny Apples' Haus abgeguckt hatte.

Es machte auch gar nichts, dass der Pfiff nicht ganz so laut war, denn Bär konnte sie von jedem Fleck der Insel aus hören. Er hatte einen sechsten Sinn für sie entwickelt, wie Tiere es tun, wenn sie Zuneigung zu einem Menschen fassen und sich ganz auf ihn einstellen. Eine halbe Minute später entdeckte April seine vertraute Gestalt am Horizont.

»Hier bin ich!« Sie winkte und warf ihm zur Begrüßung eine Dose Makrelen in Öl hin. »Heute gibt's keine Erdnussbutter. Stattdessen kannst du das hier haben.«

Die Vorräte an Erdnussbutter waren besorgniserregend geschrumpft, genau wie alles andere. Insgesamt war nur noch ungefähr ein Drittel der Lebensmittel in der Vorratskammer. Zum Glück schaute Aprils Vater nie hinein, deshalb war es ihm noch nicht aufgefallen, aber das war eine weitere Sorge, die in ihrem Kopf tickte.

Bär fraß die Makrelen einfach direkt aus der Dose. Anschließend rülpste er zufrieden.

»Ich hab heute ein paar Sachen mitgebracht, die ich dir zeigen will«, sagte April und versuchte, vor seinem schlechten Atem nicht zurückzuweichen. »Ich dachte mir, die möchtest du vielleicht gern sehen.«

April breitete ihre Picknickdecke aus und setzte sich im Schneidersitz darauf, während Bär auf dem Kies saß und sich das Maul leckte. »Guck mal, das hier ist mein Herzstein. Der stammt von dem Strand beim Haus von Granny Apples. Ich lege ihn abends immer unter mein Kopfkissen, damit er mir Glück bringt. Und das ist ein Foto von meinen Eltern. Das war an ihrem Hochzeitstag. Ja, du hast recht. Da strahlt mein Vater wirklich.«

Sie betrachtete das Foto eine Weile. Sie hatte es schon tausend Mal angeschaut, aber unter Bärs wachsamem Blick war es, als sähe sie es mit ganz neuen Augen. »Er hat echt ein nettes Lächeln, oder? Das liegt an seinen Augen. Sie haben Fältchen drum herum, wie Sterne mit Strahlen.«

Bärs Ohren zuckten, und April wollte gern glauben, dass er ihrer Meinung war.

»Es wär schön, wenn … wenn Dad mich auch mal so anlächeln würde.« Sie seufzte aus tiefstem Herzen, und es dauerte eine Weile, bis sie wieder sprechen konnte. »Ich hatte gehofft, dass dieser Sommer uns einander näherbringt«, sagte sie leise. »Aber das ist nicht passiert. Womöglich hat er uns sogar noch weiter auseinandergetrieben.« Weil April nicht wusste, was sie daran ändern konnte, hob sie das Kinn und schüttelte die schlechten Gedanken aus dem Kopf. Erst jetzt fiel ihr wieder ein, weshalb sie sich heute so beeilt hatte, zur Walrossbucht zu kommen. »Bär, ich würde auch gern deine Geschichte kennen. Du bist ganz allein hier, aber du musst ja auch eine Mutter und einen Vater haben, genau wie ich.«

Erwartungsvoll schaute sie ihn an, aber seine Miene blieb unverändert. Sie erwartete keine Antwort – so dumm war sie nicht. Sie hoffte nur auf irgendein Zeichen, das ihr eine Ahnung vermittelte, was er hinter sich hatte. Aber Bär gähnte nur, ließ sich auf die Vorderpfoten sinken und machte die Augen zu. Langsam atmete sie aus, dann beugte sie sich vor und kraulte ihn zwischen den Ohren. Sie gab nicht auf – sie musste nur den Schlüssel zu seiner Geschichte finden.

Sie schaute ihm zu, während er döste. Anderen Menschen wäre es vielleicht seltsam vorgekommen, einem Tier beim Schlafen zuzuschauen. Aber April wusste, dass das ein ganz besonderes Geschenk war, denn es bewies, wie sehr Bär ihr vertraute. Sie konnte ihm ihre tiefsten, innersten Gefühle erzählen, und es war völlig neu für sie, einen Vertrauten zu haben. Sie konnte ihm buchstäblich alles auf der ganzen weiten Welt erzählen. Er hatte sie noch nie ausgelacht, und sie kam sich bei ihm nie dumm vor.

Alles in allem war er der beste Freund, den sie je gehabt hatte.

Als er schließlich mit einem lauten Gähnen erwachte, sprang sie auf seinen Rücken, und sie galoppierten den mittelgroßen Berg halb hinauf, wo sie ihm zeigte, wie man Schneebälle formte, sie in der Faust fest zusammendrückte wie einen Golfball und sich dann damit bewarf. Sie machten Schnee-Engel, dann, gegen Mittag, arbeiteten sie an Aprils Brüllen, und am Nachmittag übten sie, Witterung aufzunehmen.

Dafür musste man ganz tief einatmen. April hatte nicht so eine feine Nase wie er, doch nach wochenlanger Übung gelang es ihr an diesem Tag endlich, das harte Eis der arktischen Gletscher zu riechen. Sie rochen frisch und sauber, wie Glasflaschen. Er zeigte ihr auch, woran man merkte, aus welcher Richtung der Wind wehte und ob Schnee in der Luft lag, ob Sturm zu erwarten war oder Regen.

Das Beste an diesem besonderen Nachmittag war, dass er ihr beibrachte, zuzuhören. Nicht nur zuhören wie du und ich. Sondern richtig lauschen. Wenn sie den Kopf schief legte und die Ohren spitzte, konnte sie hören, wie sich Schneeflocken auf Bergspitzen senkten, sie hörte das Knarren und Ächzen unsichtbarer Frachtschiffe und sogar die Seufzer ihres Vaters in der Brise. Und als sich der Graupelschauer legte und die Sonne wieder herauskam und sie nicht wussten, ob es Nachmittag, Abend oder schon der nächste Tag war, brachte er ihr bei, wie man der Insel selbst lauschte.

Am Anfang begriff sie natürlich nicht, was er da machte. Neugierig schaute sie zu, wie er sich flach auf den Boden legte und das Ohr an die Erde presste. Lange Sekunden verstrichen, und das einzige Geräusch war ihr eigener leiser Atem.

»Worauf horchst du?«, fragte sie schließlich.

Als keine Antwort kam, blieb ihr nichts anderes übrig, als es selbst auszuprobieren.

Sie legte sich genauso hin wie Bär und presste das Ohr an die Erde. Erst hörte sie nur ihren heißen Atem und den Wind im Ohr und die Wellen in der Ferne. Doch nach ein paar Minuten vernahm sie allmählich noch etwas anderes. Etwas, das von den anderen Geräuschen losgelöst war. Es stieg aus der Mitte der Erde selbst auf.

»Ich höre es!«, sagte sie atemlos. »Ich höre die Insel!«

Es klang wie das Rauschen, das man hört, wenn man eine Muschel ans Ohr hält. Oder wie der Wind in den Ohren auf der Achterbahn. Oder das Flüstern in den Bäumen in einem fernen magischen Land.

»Wie schön das klingt!«

Stundenlang lag sie so da, das Ohr an die Erde gepresst. Es war ein bisschen so, wie in einer Hängematte einzuschlafen, und gerade als April wegdöste, tat die Insel etwas Merkwürdiges.

Sie seufzte.

April spitzte die Ohren.

Inseln konnten nicht seufzen, oder? Sie lauschte noch angestrengter. Da war es wieder. Ein Seufzen. Aber kein zufriedenes Seufzen – nicht so, wie man seufzt, wenn man ein Geburtstagsmahl verdrückt hat oder eine ganze Tafel weiße Schokolade. Es war das andere Seufzen. So wie Erwachsene seufzen, wenn sie Nachrichten schauen, Kontoauszüge lesen oder in Erwartung schlechter Neuigkeiten ans Telefon gehen.

Genau so ein Seufzen.

Schaudernd setzte April sich auf. Sie hielt sich die Nase zu und pustete fest. Doch das Geräusch der Insel klang ihr immer noch in den Ohren.

»Bär?« Sie sah ängstlich zu ihm hinüber. »Hast du das gehört?«

Er erhob sich vom Boden und drehte sich langsam zu ihr um. Jetzt würde sie endlich erfahren, weshalb Bär auf dieser Insel festsaß.

Achtzehntes Kapitel

Berggipfel

Ehe sie sichs versah, saß sie schon auf Bärs Rücken, und sie galoppierten zu einer Gegend der Insel, die ihr unbekannt vorkam – sie näherten sich den Bergen aus einer neuen Richtung, wo eisige Bäche ins Meer stürzten und der Ginster dicht und lila war. Wenn Bär über Teiche sprang, flatterten Kolonien von Möwen auf und stoben auseinander. Rechts von ihnen wälzten sich graue Wellen, und irgendwo in weiter Ferne huschte ein Polarfuchs erschrocken davon.

Aus der Nähe betrachtet waren die Berge aus stahlfarbenem Granit, kahl und imposant und sehr, sehr hoch. Die ganze Gegend war übersät von kreischenden, krächzenden, schreienden Möwen. Sie flogen hierhin und dorthin, während Bär einfach mitten hindurchlief, geradewegs auf den größten, steilsten, bedrohlichsten Berg zu.

Und dann kletterte er hoch.

Dieser Berg war richtig steil. So steil, dass April sich an einigen Stellen verzweifelt festklammerte, damit sie nicht abrutschte und hinunterfiel. So steil, dass sie manchmal dachte, sie müssten umkehren. Bär konnte unmöglich noch weiter klettern.

Doch das tat er. Immer weiter und immer höher.

Es zeugte von seiner unbändigen Kraft, seiner Entschlossenheit oder einfach von seiner Tapferkeit. Sie kletterten und kraxelten, bis sie fast auf dem Gipfel waren, einem bedrohlichen schneebedeckten Felsen, kaum größer als eine Hütte. Eine spitze Nadel, die in den blauen Himmel stach. Es konnte doch nicht sein, dass Bär auch noch dieses letzte Stück nach oben kletterte? Wie eine unbezwingbare Granitwand ragte der Fels vor ihnen auf. Aprils Herz flatterte, und sie krallte sich so fest, dass ihre Fingerknöchel schmerzten.

Kurz verlangsamte Bär seinen Schritt. Er verlagerte das Gewicht auf die Hinterbeine, atmete tief, bis in sein Innerstes, ein, dann sprang er auf den Gipfel zu – sprang durch den Himmel.

Und die Zeit blieb stehen.

Es gab nur noch diesen Augenblick. Diesen kostbaren, wunderschönen, schwebenden Augenblick. April klammerte sich an Bär. Und Bär sich an sie. Sie flogen zusammen durch den Himmel. Alles war in Stille getaucht, die Stille bedeutsamer Momente.

Dieser Augenblick dauerte lange, vielleicht so lange wie ein Leben.

Während dieser endlosen Zeit gingen ihr viele Gedanken durch den Kopf. Dass der Gipfel so quälend fern schien. Dass der Fuß des Berges so schrecklich weit unten war. Dass sie bei aller Angst Bär instinktiv zutiefst vertraute, und vor allem, dass dieser Sommer der allerbeste ihres Lebens war. Und noch etwas anderes – kein Gedanke, denn Gedanken waren für so etwas nicht geschaffen. Es war ein Gefühl.

Sie flog.

Und es war unvergleichlich.

Wie Wolken, die über den Himmel tanzen. Unerreichbare Planeten, Sternschnuppen und funkelnde Kometen.

Es war das Größte.

Gerade als sie sich an die Schwerelosigkeit gewöhnte – an die Luft, die an ihren Ohren entlangrauschte, an das Gefühl, ein Vogel zu sein –, landeten sie mit einem gewaltigen Krawumm auf dem Gipfel.

Bärs Vorderpfoten rutschten im Schnee. Gestein löste sich, fiel über die Klippe und zersprang auf den Felsen weiter unten. Bär bebte und schnaufte und keuchte und brach schließlich auf dem Bauch zusammen. Sein Atem blies Wölkchen in die unbewegte, eisige Luft.

April ließ sich von seinem Rücken gleiten und landete mit einem weichen Plumps im Schnee. Die Beine taten ihr weh, ihre Hände waren wund, ihre Ohren brannten, aber ihr Herz platzte schier vor Leben.

Eine Weile lag sie auf dem Rücken und verschnaufte. Der Himmel über ihr war so nah, dass sie ihn hätte berühren können. Sie war so hoch oben! So hoch wie noch nie außer in einem Flugzeug. So hoch, dass ihr schwummerig wurde und sie einen Geschmack im Mund zurückbehielt, den sie fast vergessen hatte.

Sie schaute sich um und sah die ganze Insel wie einen Teppich unter sich ausgebreitet. Die zahllosen kleinen Seen sahen aus wie leuchtend blaue Flicken. Die Walrossbucht erstreckte sich in der Ferne wie ein Lächeln aus Sand. Und ganz weit im Süden waren zwei kleine rote Pünktchen, die Wetterstation.

Als sie in die andere Richtung schaute, sah sie nichts als das Meer. Meer, Meer und noch mehr Meer. Sie waren nur ein kleiner Fleck im unendlichen grauen Ozean. Die Bäreninsel kam ihr winzig vor. Und April kam sich selbst winzig vor. Aber nicht so wie früher. Hier gab es ihr das Gefühl, unbesiegbar zu sein.

»Bär?« Sie setzte sich auf. »Oh.« Von der scharfen, bitterkalten Luft wurde ihr plötzlich schwindelig.

Sie legte den Kopf zwischen die Knie, bis es wieder besser ging. Es dauerte eine Minute, vielleicht auch etwas länger. Als sie den Kopf wieder hob, sah sie Bär zuerst gar nicht.

Dann entdeckte sie ihn. Er saß hinter ihr und schaute aufs Meer hinaus. April spürte seine tiefe Traurigkeit.

»Bär? Oh, was ist denn, Bär? Was ist los?« Schnell ging sie zu ihm. »Warum bist du so traurig?«

Sie ertrug es kaum, ihn anzusehen. Die meisten Menschen merken es nicht, wenn Tiere leiden, weil die ihre Gefühle nicht so zeigen wie wir. Aber April wusste es besser. Nur weil man einem Tier seine Gefühle nicht ansah, hieß das nicht, dass es keine hatte. Und Bärs Gefühle waren so echt wie die jedes Menschen: nackt und rau.

Das Schlimmste war sein Blick. Die weiche, geschmolzene Schokolade seiner Augen hatte sich in unendlich tiefe Brunnen verwandelt, und April hatte Angst, hineinzuschauen, weil sie fürchtete, darin zu ertrinken. Alles an ihm sprach von einem Elend wie auf einem verlassenen, vergessenen Friedhof oder wie auf einer Rennbahn, wenn das weiße Zelt das gestürzte Pferd verbirgt. Bär ließ seine schönen Ohren hängen, sie lagen jetzt ganz flach an seinem Kopf, und sein Kiefer hing schlaff herunter. Und in diesem Moment begriff April, dass das Seufzen der Insel ein Echo von Bärs Traurigkeit war.

»Ach, Bär.«

Am Ende siegte der Instinkt. Sie schlang beide Arme um seinen Hals und drückte die Wange an sein Fell – an die weiche, flauschige Stelle zwischen seinen Ohren und seinen Augen. Und dann gab sie ihm einen Kuss auf den Pelz, denn jeder weiß, dass Tierküsse die allerbesten sind. Sie gab ihm einen Kuss. Und dann noch einen und noch einen und noch einen. Denn wenn sie traurig war, war das alles, was sie wollte. Jemanden zum Kuscheln und Küssen und Trösten.

»Es muss etwas Schreckliches passiert sein, dass du so traurig bist, Bär«, flüsterte sie. »Und wenn du bereit bist, es mir zu erzählen, verspreche ich, zuzuhören.«

Neunzehntes Kapitel

Bärs Geschichte

Und so erzählte Bär April seine Geschichte.

Nicht mit Worten, denn Eisbären können nicht sprechen, aber das war auch gar nicht nötig. Manchmal können alle Worte der Welt eine Geschichte nicht richtig erzählen. Er erzählte seine Geschichte so, wie alle Tiere es tun. Damit kannte April sich aus. Es kam nur darauf an, dass sie sich hinsetzte und aufmerksam zuhörte. Außerdem brauchte es eine gesunde Portion Instinkt, Einfühlungsvermögen und Geschick, um die Lücken zu füllen.

So saß sie mit angehaltenem Atem auf dem Gipfel des Berges und wartete, während ihr der Wind in den Ohren sauste und die Kälte ihr ins Gesicht stach. Erst lief Bär nur hin und her und wühlte den Schnee wütend zu

Batzen auf. Doch nach einer Weile setzte er sich an den Rand des Gipfels, den Rücken zur Insel und die Nase nach Norden.

Da begriff April.

Alles fügte sich zusammen.

»Ich verstehe«, sagte sie sanft. »Das ist der Weg nach Hause, stimmt's? Da im Norden.«

Der Wind heulte, irgendwo in der Ferne schlugen Wellen krachend ans Ufer, und oben auf dem Berg hielt April die Wahrheit ganz fest, damit sie ihr nicht entwischen konnte.

»Nördlich von hier liegt Spitzbergen«, sagte sie. »Da ist das Schiff damals hingefahren. Das Schiff, mit dem wir gekommen sind. Tör hat mir ein bisschen davon erzählt.«

Sie durchforstete ihr Hirn nach allem, woran sie sich erinnern konnte – aber da war nichts außer dem ruhigen Blick von Törs blauen Augen und ihrem seekranken Magen. Doch aus einem Gespräch mit ihrem Vater erinnerte sie sich an etwas sehr genau. *Die nächste Bärenpopulation lebt in Spitzbergen.*

Langsam drehte Bär sich zu ihr um, und sie erkannte etwas in seinen dunkelbraunen Augen, was ihr bisher entgangen war. Heimweh.

»Daher kommst du, oder?«, fragte sie leise. »Das ist deine Heimat.«

Und obwohl er nicht sprechen konnte, leuchtete sein Gesicht, als er nach Spitzbergen hinüberschaute. Es leuchtete so hell wie die Mitternachtssonne, und sie musste ein paarmal blinzeln, um sich daran zu gewöhnen.

»Aber Spitzbergen ist fast vierhundert Kilometer entfernt«, fuhr sie fort. »Wie kannst du von so weit hergekommen sein? Zumal doch das Eis um die Insel herum geschmolzen ist?«

Bär ließ die Ohren hängen, wie immer, wenn er traurig war. Natürlich machte es ihn traurig, dass das Treibeis geschmolzen war. Das ging bestimmt allen Eisbären so. Das war so, als wäre jemand gekommen und hätte ihnen ihr Zuhause weggenommen. Sie kroch zu ihm hinüber, vorsichtig, um nicht zu nah an den Abgrund zu geraten, und legte das Gesicht an seinen Rücken. Er schmiegte sich an sie, und sie streichelte ihn unter den Ohren. Da war es ganz weich. Wie ein Wiegenlied. Und nach einer Weile merkte sie, dass er sich entspannte. Gleichzeitig ratterte es in ihrem Kopf wie die Apparate in der Wetterhütte ihres Vaters, während sie versuchte, die letzten Puzzleteile zusammenzufügen.

»Mit dem Schiff kannst du ja nicht gekommen sein. Und du kannst unmöglich so weit geschwommen sein. Also ist die einzig logische Erklärung, dass das Eis erst vor Kurzem geschmolzen ist«, dachte sie laut. Tatsächlich hatte sie ihren Vater noch nie gefragt, wann das Eis um die Insel herum geschmolzen war. Im Lexikon stand nichts darüber, und sie war einfach davon ausgegangen, dass es schon vor vielen Jahren passiert war. Als ihr klar wurde, dass es erst vor Kurzem passiert sein musste, spürte sie ein merkwürdiges Ziehen in der Brust.

»Das tut mir leid, Bär. Menschen sind manchmal so … gedankenlos. Okay, ich nicht. Und auch nicht alle Menschen. Die meisten von uns meinen es nicht böse, weißt du? Wir wissen einfach nicht, was wir wegen den Polkappen und dem Plastik und den Tieren, die so wie du darunter leiden, unternehmen können. Ehrlich gesagt kommt uns das alles so groß und beängstigend vor – als stünden wir vor einer riesigen Wand, und da ist es manchmal leichter, einfach nichts zu tun und zu hoffen, dass es schon irgendjemand richten wird.« Sie zuckte hilflos mit den Schultern. »Selbst wenn man etwas tun will – wenn man so klein ist wie ich, ist es viel schwerer, sich Gehör zu verschaffen.«

Bär knurrte, und das kam so überraschend, dass April nach hinten fiel.

»Du hast recht«, sagte sie und rappelte sich schnell wieder hoch. »Das ist keine Entschuldigung, und du hast jedes Recht, wütend zu sein. Nur weil ich klein bin, ist das kein Grund, nichts zu tun. Ich verspreche, dass ich von nun an mein Bestes gebe. Vor allem jetzt, wo ich gelernt habe zu brüllen.«

Sie wartete, bis er sich beruhigt hatte, dann setzte sie sich wieder neben ihn.

»Aber ich verstehe immer noch nicht, wieso du nicht zurück nach Hause konntest.«

Die Antwort prallte ihr wie ein gemeiner Stoß gegen die Brust.

»Vielleicht bist du mit deiner Mutter hergekommen, als du noch ganz klein warst, und sie ist krank geworden oder war verletzt oder so.« Das war nur geraten, aber es konnte gut sein, denn April wusste, dass kleine Eisbären die ersten beiden Lebensjahre bei ihrer Mutter verbringen. »Und als es ihr wieder gut ging, war das Eis um die Insel herum schon geschmolzen, und deshalb konntet ihr nicht mehr nach Hause.«

Sie drehte sich fragend zu Bär um. Mittlerweile war sie so auf ihn eingespielt, dass sie alle seine Regungen deuten konnte, und sie spürte die Traurigkeit, die von ihm ausging.

»Ihr habt hier festgesessen.« April legte ihm die Arme um den Hals und schluckte schwer. Das Ende war in Sicht, und sie wappnete sich dafür, es zu erfahren. »Und dann?«

Bär hob den Kopf und schaute lange aufs Meer hinaus. So lange, dass sie schon dachte, er würde die Geschichte nicht zu Ende erzählen. Doch schließlich wandte er sich wieder zu ihr, und sie nahm einen tiefen, zittrigen Atemzug, als sie begriff.

»O nein. Sie ist gestorben?« Fieberhaft überlegte sie, woran. »Weil es nicht genug zu fressen für euch beide gab. Natürlich. Oh, Bär, das ist schrecklich.« Sie drückte die Wange an sein Fell. Sie streichelte seine Ohren. Sie nahm ihn, so fest sie konnte, in die Arme. Ihr Herz raste. »Du hast deine Mutter verloren, und jetzt sitzt du schon so lange auf der Insel fest.«

Sie legte ihre Stirn an Bärs Gesicht und die Arme um seinen Hals. Unter den Fingerspitzen spürte sie, wie er zitterte. »Du armer, armer Bär.«

Bär löste sich von ihr und brüllte so kräftig, so laut und grimmig, dass die Erde unter ihnen grollte und die Wolken sich vor Schreck verzogen.

»Ich werde was unternehmen«, sagte sie. »Versprochen.«

Zwanzigstes Kapitel

Gefangen

»Wem meldest du die Temperaturen?«, fragte April am nächsten Tag beim Frühstück.

»Die Temperaturen?« Erschrocken blickte ihr Vater auf, die Teetasse verharrte auf dem Weg zu seinem Mund in der Luft.

Es war eine Weile her, dass April sich zuletzt um ein Gespräch mit ihrem Vater bemüht hatte. Wochen, vielleicht sogar Monate. Eigentlich nicht mehr so richtig seit dem Tag, als sie ihm in der Wetterhütte geholfen und er sie angebrüllt hatte. Seitdem hatte sie sich in ihrer Freundschaft mit Bär verloren. Nicht in einem negativen Sinn. Glücklich verloren. So wie man sich in einem Schlaraffenland verliert, wo Milch und Honig fließen und sogar der Himmel essbar ist. Aber heute schaute sie auf, als ob sie aus einem Koma erwachte, und stellte fest, dass ihr Vater immer noch da war. Ganz kurz fragte sie sich, ob er sie vielleicht meistens so wahrnahm, dann konzentrierte sie sich wieder auf die Gegenwart.

Schließlich hatte sie ihr Versprechen gegeben.

»Ja. Die Temperaturen, die du misst«, sagte sie. »Wem meldest du die?«

Er stellte die Tasse zurück auf die Untertasse, er schien sich über ihr Interesse zu freuen. »Der norwegischen Regierung.«

»Ach ja.« Gedankenverloren kaute sie auf ihrem Haferkeks. »Und was machen die dann damit?«

»Das dient der Forschung, April«, antwortete ihr Vater. »Wir messen die Temperaturen und stellen fest, welche Unterschiede es im Laufe der Jahre gibt.«

»Ja«, sagte sie und wedelte ungeduldig mit der Hand. »Das weiß ich alles. Aber was genau machen sie damit? Wenn sie die Ergebnisse haben.«

»Machen?«, fragte ihr Vater.

»Ja«, gab April zurück. »Was genau unternehmen sie? Die Veränderungen betreffen ja nicht nur die Eisbären und die anderen Tiere in der Arktis, oder? Das Wetter in der Arktis betrifft alle auf der ganzen Erde.«

»Das stimmt.« Ihr Vater guckte ein wenig betroffen, mehr aber auch nicht. So guckten Erwachsene immer, wenn sie über die Erderwärmung sprachen. Ein bisschen betroffen, aber nicht tief besorgt. Die Tatsache, dass die Welt in einer Krise steckte, schien sie nicht so zu bekümmern wie April.

Sie ballte die Fäuste und versuchte mit fester Stimme zu sprechen, während sie sich an einige Statistiken erinnerte, die sie gelesen hatte. »Eis reflektiert ungefähr sechzig Prozent des Sonnenlichts, das darauf scheint, oder?«

»Achtzig Prozent«, verbesserte ihr Vater.

»Dann eben achtzig Prozent.« Sie sah ihn an. »Und was passiert, wenn das ganze Eis weg ist?«

»Wenn das Eis weg wäre, könnte die Sonne direkt in den Ozean scheinen«, erklärte ihr Vater. »Wenn das passiert, steigt die Meerestemperatur, was wiederum dazu führt, dass die Meeresspiegel steigen.«

»Und die Polkappen?«, fragte April und grub die Fingernägel in die Handflächen, um ruhig zu bleiben. »Wie viel ist von denen schon geschmolzen? Eine Menge, das weiß ich … aber wie viel genau?«

Ihr Vater räusperte sich. »Der NASA zufolge ist das Gebiet, das von arktischem Eis bedeckt ist, seit den

80er-Jahren in jedem Jahrzehnt um dreizehn Prozent geschrumpft. Was auf den Verlust von über dreieinhalb Millionen Quadratkilometern Meereis hinausläuft.«

»Dreieinhalb Millionen?« April war so geschockt, als hätte sich der Boden aufgetan und sie verschlungen. »Dann stimmt das? Ich wusste, dass sie schmelzen, aber nicht, dass es so schnell geht.«

»Ah«, sagte ihr Vater mit seiner schönsten Lehrerstimme. »Die Polkappen sind in den letzten zwanzig Jahren sogar mehr geschmolzen als in den letzten zehntausend Jahren zusammen.«

»Dann müssen wir etwas dagegen tun!«, schrie April und gab jede Anstrengung auf, ruhig zu bleiben. »Wir müssen das irgendwie wieder umkehren! Ihnen ihr Eis zurückgeben. Warum unternehmen die Menschen nichts dagegen? Warum tust du nicht mehr?«

Ihr Vater runzelte die Stirn. Ihm war anzusehen, dass er sich diese Frage noch nie gestellt hatte, und seine buschigen Augenbrauen zogen sich zusammen wie eine verwirrte Raupe. »Ich weiß nicht.«

April legte ihren Haferkeks hin und wischte sich die Krümel von den Fingern. Sie musste zum eigentlichen Thema zurückfinden. Ihr Vater war ja nicht allein daran schuld, dass die Menschen den Planeten in diesen

Schlamassel geritten hatten. Alle miteinander waren schuld daran.

»Du hast gesagt, dass rund um die Bäreninsel das Eismeer geschmolzen ist«, sagte sie, um Bärs Geschichte zu untermauern. »Wie lange hat das gedauert? Schmilzt das Eis ganz langsam, oder kann das auch schnell gehen?«

»Na ja …«, sagte er. »Normalerweise dauert es ziemlich lange, aber es gab ein Jahr, in dem die Temperaturen extrem nach oben geschossen sind.«

»Wann war das?«

»Das kann ich so aus dem Kopf nicht sagen.«

»Bitte versuch's!« April beugte sich vor und berührte ihn am Arm. »Es ist echt wichtig.«

Ihr Vater betrachtete ihre Hand auf seinem Arm und wirkte überrascht, sie dort zu sehen. »Wenn es dich so sehr interessiert, kann ich in den Logbüchern nachgucken.«

»Kannst du sie jetzt holen?«, drängte April. »Bitte?«

Er seufzte, aber er stellte seine Teetasse hin, verschwand in die Wetterhütte und kam mit mehreren Logbüchern unterm Arm zurück. Er legte sie auf die Theke und schlug eines auf. »In dieser Spalte kann man die durchschnittliche Wassertemperatur der letzten zehn Jahre auf der Bäreninsel ablesen. Siehst du, der Temperaturanstieg ist ziemlich gleichmäßig. Aber hier.« Er zeigte mit dem Finger auf eine Spalte. »Da sind die Temperaturen dramatisch angestiegen.«

»Wann war das?«

»Vor sieben Jahren.«

»Und in dem Jahr ist das letzte Eis um die Insel herum geschmolzen? Bist du dir sicher?«

Ihr Vater nickte.

Mit einem flauen Gefühl im Bauch lehnte April sich wieder zurück. Dann war Bär also schon seit sieben Jahren hier! So lange saß er schon auf der Insel fest und konnte nicht nach Hause.

»Aber das ist ungerecht!«, rief sie aufgebracht. »Sie können doch nichts dafür, dass die Welt in diesem Schlamassel gelandet ist. Es ist unsere Schuld!«

»Wer kann nichts dafür?«

April sah ihn verdutzt an.

»Du hast gesagt, sie können nichts dafür.«

»Die Bären«, sagte sie verzweifelt. »Die Eisbären. Die Insel wurde nach ihnen benannt, und sie können nicht mal herkommen und ihre Winter hier verbringen!«

»Darin liegt wirklich eine grausame Ironie … Und natürlich ist es furchtbar traurig«, fügte er schnell hinzu.

»Und das Eis?«, hakte sie nach. »Das näher am Nordpol ist, bei Spitzbergen. Das gibt es noch, oder?«

»Ja«, sagte er. »Vorerst.«

»Dort können also noch Eisbären leben?«, fragte sie.

Er nickte.

Sie sah ihren Vater an. Mit der Marmelade am Kinn, seinen Pergamentfingern und der krummen Nase, die er tief über die Logbücher gebeugt hatte, sah er nicht gerade wie der geborene Retter aus. Aber er war der einzige, den sie hatte. Sie drückte sich selbst die Daumen und schenkte ihm ihr schönstes Lächeln. Möglicherweise geriet es ziemlich schief, aber egal.

»Was würdest du sagen, wenn ich dir erzähle, dass die ganze Zeit ein Eisbär auf dieser Insel festsitzt?«

Er blickte nicht mal auf.

»Dad!«, sagte April jetzt entschlossener. »Auf der Insel ist ein Eisbär, und ich brauche deine Hilfe.«

»Hmm?« Er schaute abwesend zu ihr herüber, und sie sah ihm an, dass er nur mit halbem Ohr zugehört hatte.

»Kannst du mir bitte mal zuhören?« Sie gab sich Mühe, mit fester Stimme zu sprechen, doch es kam zittrig heraus. »Hier lebt ein Eisbär. Und er ist der liebste, allerbeste Bär auf der ganzen weiten Welt. Und ich brauche deine Hilfe, kannst du also bitte mal das Logbuch Logbuch sein lassen, und zwar JETZT?«

Ihr Vater gehorchte, und das Logbuch fiel laut raschelnd auf den Boden. April hatte seine ganze Aufmerksamkeit. Aber nicht so, wie sie es sich gewünscht hatte. Ganz im Gegenteil, unter seinem Blick krampfte sich ihr Magen zusammen.

»April«, sagte er langsam und bedächtig, als wäre sie nicht ganz bei Trost. »Was hast du da gesagt?«

April schluckte. »Auf der Insel ist ein Eisbär.«

Ihr Vater sah sie lange an, bevor er antwortete. »Auf. Der. Büreninsel. Gibt. Es. Keine. Eisbären. Mehr.« Er schüttelte den Kopf. »Es ist völlig ausgeschlossen.«

»Doch, es gibt einen! Und er ist gar nicht gefährlich!«, rief sie. »Ich will ihm nur helfen, verstehst du das nicht? Er gehört hier nicht her!«

Ihr Vater starrte sie weiter an, als hätte sie den Verstand verloren. Dann – das war das Allerschlimmste – schien er zu denken, sie wollte ihn veräppeln, und hob sein Logbuch auf.

»Du glaubst mir wohl nicht, was? Dann guck doch mal in die Vorratskammer!« Sie sah ihn herausfordernd an. »Dann weißt du, dass ich die Wahrheit sage!«

»Die Vorratskammer? Was hat die damit zu tun?«

»Das wirst du schon sehen. Guck mal rein!«

Langsam erhob er sich, räusperte sich ein paarmal und öffnete dann die Tür zur Vorratskammer.

»APRIL!« Er hielt sich am Türrahmen fest. »Das ganze Essen! Wo ist es hin?«

»Das hab ich dir doch gerade erklärt! Er war total ausgemergelt – nur noch Haut und Knochen. Aber ich hab ihn aufgepäppelt, und jetzt, wo er wieder jagen kann, müsstest du ihn mal sehen. Er sieht ...«

Ihr Vater drehte sich um und sah sie an. »April, was hast du getan?«

In diesem Ton hatte er noch nie mit ihr gesprochen, und sie schluckte schwer.

»Ich hab das Essen Bär gegeben.«

»Bär.«

Sie nickte.

»Einem Eisbären.« Ihr Vater setzte sich mit einem Plumps auf das Sofa. Die Logbücher lagen um seine Füße verstreut, und sein Gesicht hatte einen seltsam entrückten Ausdruck, von dem April ganz heiß und klamm wurde. »Granny Apples hatte recht«, sagte er. »Es war ein Fehler, dich mitzunehmen. Die Matrosen haben gesagt, dass die Insel einem den Verstand vernebeln kann. So lange allein, und das ist meine Schuld.

Weil ich zu viel arbeite und nicht so viel Zeit mit dir verbringe, wie ich gern würde. Tja, da ist es wohl kein Wunder, dass du dir einen Fantasiefreund erschaffst, der dir Gesellschaft leistet.«

»Er ist kein Fantasiefreund!«, schrie sie. »Ich bin wie Mum. Ich bin einfach anders. Das hast du selbst gesagt!«

»Ja, aber im Unterschied zu dir hat sie sich keine Tiere ausgedacht, April, und dann unser ganzes Essen weggeworfen.« Er kniff die grauen Augen zusammen und sah sie mit scheußlichem Mitleid an. Am liebsten hätte sie vor Wut geheult. »Mein liebes Kind, bist du vielleicht auf der Suche nach Aufmerksamkeit?«

»Nein.« Sie wandte das Gesicht ab, damit er ihre Tränen nicht sah. »Das hab ich schon lange aufgegeben.«

Genau in diesem Moment schnaubte ihr Vater sich lautstark die Nase. »Na gut«, verkündete er, als er damit fertig war, ihre letzten Worte hatte er nicht gehört. »Ein Glück, dass wir nur noch sechs Wochen auf der Insel sind.«

»Sechs Wochen?«, sagte April entsetzt. »Wir haben nur noch sechs Wochen?«

Einundzwanzigstes Kapitel

Der Plan

In den folgenden Tagen spürte April immer wieder den Blick ihres Vaters. Es war kein warmer, väterlicher Blick, sondern ein kritischer, argwöhnischer Blick, unter dem sie sich vorkam wie eine Fremde. Er zählte sogar sämtliche Lebensmittel in der Vorratskammer, sodass sie nichts mehr hinausschmuggeln konnte – allerdings hatte sie in weiser Voraussicht eine Extraration unter ihrem Bett gehortet. Doch für sechs Wochen reichte das nicht annähernd, und jetzt drängte die Zeit umso mehr. Sie brauchte unbedingt einen Plan für Bär.

»Seit wann ist es hier so unordentlich?« April schaute sich im Wohnzimmer um, als sähe sie es zum ersten Mal.

Sie hatte den ganzen Sommer so viel Spaß gehabt, dass

ihr die Stapel schmutziger Wäsche, ungespülter Tassen, Teekannen und leerer Suppendosen irgendwie entgangen waren. Aber schließlich fand sie das Buch über den nördlichen Polarkreis zwischen einem Gefäß mit altem Kaffeepulver und einer von Dads Paisley-Westen. Schnell schlug sie das Kapitel über Spitzbergen auf.

Mehrere Bonbonpapiere fielen heraus. Spitzbergen war eine Inselgruppe, mitten zwischen Norwegen und dem Nordpol, und bestand zu sechzig Prozent aus Gletschern. Sie beheimatete Meeresvögel, Polarfüchse, Rentiere und ungefähr dreitausend Eisbären.

»Ich hab's!«

Es rauschte ihr heiß durch die Adern, als sie die Antwort fand. Es war offensichtlich! So offensichtlich, dass sie den Wald vor lauter Bäumen nicht gesehen hatte. Es war glasklar, was zu tun war. Sie musste Bär nicht in dieser schrecklichen, einsamen Höhle zurücklassen.

Sie würde ihn nach Hause bringen.

Zurück nach Spitzbergen.

»Da hast du bestimmt viele Freunde. Vielleicht sogar Verwandte! Cousins und Tanten und Onkel. Vielleicht sogar eine Freundin«, flüsterte sie und hoffte, dass Bär sie auf der anderen Seite der Insel hören konnte. »Dann bist du nicht mehr allein.«

Das einzige Problem war die Entfernung.

Spitzbergen lag etwa eine Tagesreise mit dem Schiff von der Bäreninsel entfernt. Viel zu weit für Bär, um zu schwimmen, sonst wäre er schon lange zurückgekehrt. Aber es musste eine andere Möglichkeit geben, ihn dorthin zu bringen – auch ohne die Hilfe ihres Vaters.

Immerhin hatte sie jetzt den Ansatz eines Plans.

Das alte Boot in der Walrossbucht war nicht gerade ein typisches Boot.

»Eher ein Kanu«, sagte April, als sie nachdenklich davorstand. »Aber ein großes Kanu. Jedenfalls groß genug für uns beide.«

Das Boot war gelb und hinten und vorn nach oben geschwungen wie ein Wikingerschiff. An einigen Stellen war die Farbe abgeblättert, doch als April mit dem Handschuh über den Rumpf rieb, glänzte er immerhin noch ein bisschen, wie die Wintersonne.

»Du warst mal sehr hübsch, stimmt's? Wie bist du wohl hier gelandet? Hat man dich auch vergessen?« Sie betrachtete die anderen Überreste, die von Menschen in der Walrossbucht zurückgelassen worden waren. Die verfallene Hütte, den kaputten Steg, das rostige Drahtseil und die angespülten Plastikflaschen. »Seit wann ist es hier so unordentlich?«, fragte sie zum zweiten Mal an diesem Tag.

Sie seufzte und richtete ihre Aufmerksamkeit wieder auf das Boot. Darin gab es zwei Holzbänke, ein altes Ruder und jede Menge Kieselsteine, Sand, Muscheln und Dreck. Aber zum Glück schien es kein Leck zu haben.

»Erst mal machen wir dich sauber.«

Aus dem Augenwinkel sah sie, wie das Meer ans Ufer schlug. Manche Wellen waren so groß wie sie. Die meisten noch größer. Aprils Magen zitterte und zuckte bei dem Anblick. Fuchskacke. Aber egal, wie gefährlich die Reise war und wie seekrank sie sein würde, sie war entschlossen, Bär nach Hause zu bringen.

Die Alternative war undenkbar.

Die nächsten Tage brütete sie über Landkarten und über dem Lexikon, wo sie die wichtigsten Überlebenstipps für eine lange Bootsreise fand. Doch je mehr sie über die Schifffahrt las, desto weniger fühlte sie sich dafür gewappnet. Wer hätte gedacht, dass man an der Form der Wellen eine Winddrehung erkennen konnte oder dass die speziellen Begriffe, die man für die Schifffahrt brauchte, fast ein Wörterbuch füllten oder dass man einen sechsten Sinn für die Wetterverhältnisse haben musste?

April besah sich die Karte der Bäreninsel an der Wand und kaute nervös auf der Lippe. Sie hatte keine Wahl. Das hier war eindeutig ein Notfall, und da ihr Vater in der Wetterhütte war, war das jetzt die Gelegenheit.

Sie bewahrte den Umschlag in der Nachttischschublade auf. Er roch leicht nach Makrele, altem Seil und noch etwas anderem. Es war ein tröstlicher, zuverlässiger Geruch, und das gab schließlich den Ausschlag dafür, dass sie die Nummer wählte, ehe sie es sich anders überlegen konnte.

Das Telefon klingelte zwei Mal.

»Hallo?« Die Verbindung war erstaunlich gut, als wäre er im Nebenzimmer. »Hallo?«

Unerklärlicherweise war ihr Mund auf einmal ganz trocken. »Tör?«, krächzte sie schließlich. »Ich bin's. April. April Wood.«

»April?« Er klang erschrocken, als hätte er nicht wirklich damit gerechnet, je wieder von ihr zu hören. »Ist alles okay auf der Insel?«

Sie nickte, bis ihr klar wurde, dass er sie nicht sehen konnte. »Ja«, antwortete sie schnell. »Alles in Ordnung.«

April schwieg. Telefonieren gehörte schon unter normalen Umständen nicht zu ihren Stärken, und mit jemandem zu sprechen, dem sie nur ein einziges Mal begegnet war, machte sie noch nervöser. Sie umklammerte den Hörer.

»Was kann ich für dich tun?«, fragte er in das Schweigen.

»Ich wollte dich nur etwas zum Thema Schifffahrt fragen«, sagte sie und hoffte, dass das halbwegs glaubwürdig klang. »Ich … muss ein Referat für die Schule machen und darin erklären, wie man mit dem Boot von der Bäreninsel nach Spitzbergen kommt.«

»Und du willst wissen, wie man es hinkriegt, dass das Boot in die richtige Richtung fährt?«, fragte er. »Sodass man nicht stattdessen in New York landet?«

»So in der Art«, gab sie zu.

»Na ja, früher einmal haben wir uns an der Himmelskarte orientiert.«

»An der Himmelskarte?« Davon stand nichts im Lexikon. »Meinst du die Sterne?«

»Genau. Aber heutzutage ist ein Kompass sehr viel praktischer.«

Puh. Einen Kompass hatte sie.

»Außerdem braucht man eine Karte von der Barentssee.«

Sie betrachtete ihre Karte. Ziemlich alt und zerknittert. Aber die musste reichen.

»Und ein GPS.«

»Ein was?«

»Das ist mit dem Satelliten verbunden und zeigt dir deine Position an«, sagte Tör, und im Telefon fing es an zu zischeln. Er sprach lauter, um es zu übertönen. »Jeder Ort auf der Erde, sogar ein kleiner Fleck wie die Bäreninsel, hat Koordinaten. Seefahrer benutzen sie als Navigationshilfe. Für uns sind das die Sterne der Neuzeit.«

»Aber geht es auch ohne GPS?«, fragte sie und sprach jetzt auch lauter. »Und ohne die Sterne?«

»Ja«, sagte er, während es im Telefon knackte und die Verbindung immer wieder kurz unterbrochen wurde. Er sprach noch lauter. »Aber … schwieriger … verlass dich … deinen Kompass. Stell ihn … die Koordinaten … Spitzbergen. Musst du … vorsichtig … Winde.«

Die Koordinaten konnte sie von der Karte ablesen – das war einfach – und dann dem Kompass bis dorthin folgen.

»April?«, fragte er, als die Verbindung plötzlich wieder gut war. »Bist du noch da?«

»Oh!« Erschrocken sah sie durch das Fenster ihren

Vater, der genau auf die Hütte zukam. »Ich muss Schluss machen«, sagte sie schnell. »Aber vielen Dank!«

Und ehe Tör noch einmal Luft holen geschweige denn antworten konnte, hatte sie schon aufgelegt.

»Alles okay, April?«, fragte ihr Vater, als er hereinkam und eine Brise eiskalter Luft und einen Hauch Anisbonbons mitbrachte.

»Alles super«, sagte sie und ging an ihm vorbei nach draußen.

Sie hatte keine Zeit zu verlieren. Sie musste jetzt mit Bär reden.

Als sie zur Walrossbucht kam, tollte er in den Wellen herum – wie eine Robbe tauchte er darunter her, um kurz darauf vergnügt wieder hochzukommen. Er hatte sie noch nicht bemerkt, und so beobachtete sie ihn.

Unweigerlich verglich sie ihn mit seinem Erscheinungsbild bei ihrer ersten Begegnung. Sein Fell war nicht mehr grau, struppig und verfilzt. Es war seidig glatt und glänzte wie Sternenstaub. Seine Ohren hingen nicht mehr herab. Sie tanzten auf seinem Kopf und zuckten lebhaft. Seine Rippen konnte man nicht mehr zählen. Er hatte ordentlich zugelegt und war vielleicht sogar ein bisschen pummelig geworden. Er guckte so zufrieden wie jemand, der soeben sein Leibgericht verspeist hat und kurz davor ist, einen gewaltigen Rülpser auszustoßen.

Er sah so aus, wie alle Eisbären aussehen sollten.

Glücklich. Gut genährt. Gesund und munter.

Bei dem Gedanken daran, dass ihre gemeinsame Zeit bald zu Ende ging, musste sie schlucken. Vor einer Woche war die Sonne schließlich hinter dem Horizont verschwunden, damit war die Mitternachtssonne für dieses Jahr zu Ende. Selbst Aprils Uhr funktionierte wieder und zählte – ticktack, ticktack – ihre Tage mit Bär herunter.

»Bär«, flüsterte sie, ihre Stimme rau wie Sandpapier.

Da hörte er sie. Er hob den Kopf, seine Ohren zuckten, und sein Gesicht hellte sich auf. So wie immer, wenn er April sah. Er schüttelte das Wasser aus dem Pelz, sodass es in zahllosen Regenbogentropfen über den Strand spritzte, und galoppierte auf sie zu. Sanft stupste er sie zur Begrüßung an der Schulter und leckte ihr ein paarmal über das Gesicht. Nachdem sie sich beide angebrüllt hatten, legte sie das Kinn auf seine Brust und atmete seinen Geruch ein.

Er roch nach zu Hause.

April blinzelte ein paarmal, vergrub die Nase in

seinem Fell, schlang die Arme um ihn und schluckte schwer. Sie brauchte gar nichts zu sagen.

Bär wusste Bescheid.

Ihr schnürte sich die Kehle zu, und sie schaute fest auf die schneebedeckten Berggipfel, ehe sie etwas herausbrachte. »Ich fahre bald zurück nach Hause«, sagte sie schließlich. »Nicht weil ich will, sondern weil ich muss. Ich muss zur Schule gehen und ein paar Prüfungen bestehen, und dann habe ich etwas in der Tasche, womit ich einen wichtigen Job machen kann, wenn ich groß bin«, sagte sie. »Aber weißt du was? Ich muss gar nicht warten, bis ich groß bin. Ich kann es nicht mehr den anderen überlassen, alles zu regeln. Ich werde etwas unternehmen und damit einen Beitrag zur Rettung der Arktis leisten – vielleicht sogar zur Rettung des Planeten. Und damit fange ich jetzt gleich an.« Sie holte tief Luft. »Ich verlasse dich nicht, Bär. Ich hab einen Plan.«

Sie drehte seinen Kopf zu sich herum, und sie schauten sich an. Seine Schokoladenaugen hatten einen warmen Glanz. Sein Blick brachte ihr Innerstes zum Schmelzen. In ihrem ganzen Leben, so dachte sie, würde sie nie jemanden finden, der sie so ansah wie Bär in diesem Moment.

»Es ist ein gefährlicher Plan, aber wir haben keine

große Wahl. Entweder so oder … nein, das passiert auf keinen Fall. Hey, es ist alles gut.« Sie strich ihm mit den Fingerspitzen über das Gesicht und kraulte ihn an der Stelle unter dem linken Ohr, wo er es am liebsten hatte. »Ehrlich gesagt habe ich Angst. Ich bin längst nicht so mutig wie du. Ich hätte nie jahrelang allein hier leben können. Aber es ist besser, als gar nichts zu tun, und wie du weißt, sind Menschen sehr gut darin, gar nichts zu tun. So will ich nicht mehr sein.« Sie hob das Kinn und sprach voller Zuversicht, obwohl ihr mulmig war. »Also musst du versprechen, mit mir zu kommen, auch wenn du es für die schlechteste Idee des Jahrhunderts hältst.«

April zeigte auf das Boot.

Bärs Ohren zuckten, seine Nase bebte, und er wich mit einem so heftigen Ruck zurück, dass sie ihn loslassen musste, um nicht über den Strand zu fliegen. Er stellte sich auf die Hinterbeine, sodass er sie überragte wie ein Wolkenkratzer, und brüllte wütend. Es war mit Abstand das lauteste Brüllen, das sie je von ihm gehört hatte, und hätten sie am Klippenrand gestanden, wäre es bestimmt bis zum Mond und wieder zurück geschallt.

Als er fertig gebrüllt hatte, nahm sie die Finger aus den Ohren und richtete sich zu ihrer vollen April-Größe auf. »Pass auf, Bär. Ich ziehe das durch, ob es dir gefällt oder nicht. Du kannst mich nicht davon abhalten. Aber es wäre sehr viel einfacher, wenn du mitmachen …«

Wieder brüllte Bär und übertönte ihre restlichen Worte. Und diesmal versteckte sich sogar die Sonne, die Erde bebte, und der Berg zitterte. Bär brüllte und tobte und wütete eine lange Zeit – auch wenn sich schwer sagen ließ, wie lange genau. Aber doch so lange, dass April sich an das Boot setzte, mindestens zehnmal das Fadenspiel spielte und ein kurzes Nickerchen hielt. Am Ende hatte Bär sich ausgebrüllt, wie sie es vorhergesehen hatte.

»Du hast keine andere Wahl. Hier kannst du nicht bleiben«, flüsterte sie.

Schließlich legte er das Kinn auf ihre Schulter, stöhnte leise und leckte ihr das Gesicht.

»Ich bringe dich nach Hause.«

Zweiundzwanzigstes Kapitel

Eine unangenehme Überraschung

In der folgenden Woche kehrte April jeden Tag zur Walrossbucht zurück. Und jeden Tag dankte sie den unzähligen Sternen am Nordhimmel dafür, dass ihr Vater Probleme mit einem wichtigen Gerät hatte – denn weil er die ganze Zeit mit der Reparatur beschäftigt war, bekam er nicht mit, was sie hinter seinem Rücken vorbereitete.

Eine richtig große Herausforderung war das Essen. Obwohl sie die Vorräte gut eingeteilt hatte, war die eiserne Reserve unter ihrem Bett fast aufgebraucht. Sie musste sich also beeilen, damit das Boot startklar war, bevor die Vorräte gänzlich zur Neige gingen. Und natürlich brauchte sie auch Proviant für die Fahrt.

Bis jetzt hatte sie Folgendes beisammen:

- *drei Gläser Erdnussbutter mit Stückchen (jetzt hatte sie unter ihrem Bett nur noch ein einziges)*
- *die letzten vier Packungen Haferkekse*
- *eine Dose Tomatensuppe für sich und drei Dosen Eintopf mit Fleisch für Bär*
- *eine Dose gezuckerte Pfirsiche (darauf stand sie nicht so, aber Bär hatte sie mit seinem allerschmelzendsten Blick überredet, etwas Süßes mitzunehmen)*
- *drei Anisbonbons von ihrem Vater (eher aus sentimentalen Gründen – auch wenn sie sich verkracht hatten, wollte sie ein Andenken an ihn dabeihaben)*
- *acht Liter Wasser*
- *einen Dosenöffner*
- *das Schweizer Taschenmesser von ihrem Vater*
- *den Kompass, der sie nach Spitzbergen führen sollte*
- *das Buch über den nördlichen Polarkreis, in dem es eine grobe Karte der Barentssee zwischen der Bäreninsel und Spitzbergen gab*
- *eine Plane, um das Boot vor hohen Wellen und Sturm zu schützen*
- *ein paar Reisetabletten*

- *ihre wasserdichte Hose und Jacke und eine wasserdichte Mütze*
- *zwei Paar Wollsocken*
- *den Pulli, den Granny Apples ihr vorletztes Jahr zu Weihnachten gestrickt hatte (obwohl die Ärmel mittlerweile ein bisschen kurz waren)*
- *einen Zip-Beutel, den sie im Küchenschrank gefunden hatte*
- *den Verbandskasten aus der Hütte (sie hatte ein etwas schlechtes Gewissen deswegen, denn wenn ihr Vater sich nun verletzte …?)*
- *ihr Kopfkissen*
- *und schließlich ihren Herzstein.*

Einige Sachen, vor allem das Wasser, waren so schwer, dass sie Bärs Hilfe brauchte, um den Schlitten zu ziehen. Andere konnte sie mühelos in ihrem Rucksack tragen. Was sie leider nicht hatte und was vielleicht das Wichtigste gewesen wäre, war eine Rettungsweste. Aber sie würde stattdessen das Satellitentelefon mitnehmen. Das war wichtig für einen Notfall, auch wenn sie ihren Vater nur ungern ohne Telefon zurückließ.

Noch schwieriger war es, das Boot auf Vordermann zu bringen.

Zum Glück gab es in der Hütte ein Buch über Boote, und mit der Anleitung im Buch und ihren Erinnerungen daran, wie die Fischer im Hafen zum Sommeranfang ihre Boote flottmachten, konnte sie loslegen. Zunächst räumte sie den ganzen Müll aus dem Boot. Dann nahm sie das Schleifpapier, das sie in der Vorratskammer gefunden hatte, und schmirgelte alle Hubbel, Kerben und Katscher glatt. Das war gar nicht so einfach, wie es aussah. Tag für Tag kehrte sie zur Walrossbucht zurück, bis ihr die Arme wehtaten, ihre Finger wund gescheuert waren und sie einen pochenden Schmerz im Kreuz spürte.

In der Wetterhütte hatte sie einen Hammer und ein paar Nägel gefunden, und mit einem losen Brett von der verlassenen Holzhütte baute sie eine kleine Abtrennung in den Rumpf des Boots, damit ihre Sachen nicht herumrutschen konnten. Außerdem reparierte sie mit einem weichen Stück Treibholz den Sitz. Als das Boot beladen war, blieb noch die Aufgabe, die Plane festzunageln, die sie vor hohen Wellen, schlechtem Wetter und vielleicht sogar Walrossen schützen sollte. Viele Sorgen hielten sie nachts wach, vor allem die große Frage, wie sie sicherstellen konnte, dass das Boot seinen Weg Richtung Norden nach Spitzbergen fand – ganz zu schweigen davon, wie sie hinterher wieder zurück zur Bäreninsel gelangen sollte. Sie hatte den Kompass, doch ohne Motor oder Segel war sie auf ein einziges Ruder angewiesen, das sie selbst bewegen musste.

Es war eine große Herausforderung. Aber da sie keine Alternative hatte, außer Bär hierzulassen, musste es gehen.

Sie hatte den 10. September als Abreisetag festgelegt, länger konnte sie die Vorräte beim besten Willen nicht strecken.

»Wir haben kaum noch was zu essen«, sagte sie zu Bär. »Deshalb müssen wir an dem Tag los. Mach dir keine Sorgen – es ist ja noch eine Woche, und vielleicht wird das Wetter bis dahin freundlicher.«

Seit sie mit dem Boot fertig war, regnete es auf der Insel ununterbrochen. Kein feiner Nieselregen, wie April es von zu Hause gewohnt war, sondern dicke, harte Tropfen, die stechend durch die Luft sausten. Der Regen fegte in Strömen über die Insel und peitschte die Wellen, sodass sie sich aufbäumten wie Alligatoren. Jedes Mal, wenn April hinausging, war sie durchgefroren bis auf die Knochen, und schließlich bekam sie eine fiese Erkältung mit Niesanfällen und Triefnase.

Die letzten beiden Tage hatte sie auf dem Sofa am Kamin verbracht. Sie wäre lieber im Bett gewesen, abgeschirmt von den Blicken ihres Vaters, den sie immer wieder dabei ertappte, dass er sie ansah. Aber in ihrem Zimmer war es kalt. Ihr Schädel pochte. Sie war nass geschwitzt. Ihre Zunge fühlte sich pelzig an. Selbst wenn sie sich hätte bewegen wollen, hätte sie es nicht gekonnt. Sie hatte sich mit einer Schachtel Papiertaschentücher bewaffnet, aß ein bisschen wässrige Tomatensuppe und tat sich furchtbar leid. Gleichzeitig machte sie sich Sorgen um Bär.

»Gute Neuigkeiten.« Ihr Vater legte das Satellitentelefon hin.

»Hmmm?«, schniefte April.

Ihr Vater hatte heute schon mal telefoniert, um herauszufinden, wie er das Gerät reparieren konnte, das nicht funktionierte. Vermutlich hatte ihn jetzt ein Techniker zurückgerufen.

»Das war mein Chef, Mr Olsen«, sagte ihr Vater. »Unser Nachfolger kommt früher als erwartet.«

»Was?« Sie nieste heftig. »Wieso?«

»Anscheinend war der Job, den er davor hatte, früher zu Ende als gedacht, und jetzt möchte er gern eher anfangen«, fuhr er fort. »Das heißt, wir können nach

Hause, April. Ich weiß nicht, wie es dir geht, aber ich hätte mal wieder Lust auf etwas Leckeres. Stell dir vor! Marmelade auf warmen, buttrigen Crumpets. Oder frisch gebackene Scones mit Himbeermarmelade. Und Bohnenkaffee mit frischer Milch.«

»Aber …« Ihre Kehle war wie zugeschnürt. Ihr Herz hämmerte. Sie versuchte zu sprechen, doch die Worte blieben ihr im Hals stecken. »Aber …«

Scones? Marmelade? Bohnenkaffee?

»Wir können jetzt noch nicht weg!«

»Aber zu Hause hast du es doch besser als hier.« Ihr Vater sah sie schon wieder so merkwürdig an. »Willst du nicht nach Hause?«

»Nein!«, rief sie und nieste wieder. »Ich brauche mehr Zeit.«

»Zeit wofür?«

»Du hast mir zum Sommeranfang diese Uhr geschenkt und gesagt, es wäre wegen *friluftsliv*. Und jetzt nimmst du mir die *friluftsliv* einfach weg!«

Ihr Vater machte den Mund auf und klappte ihn wieder zu.

April merkte, dass sie sich nicht besonders klar ausdrückte, aber sie wusste nicht, wie sie es anders erklären sollte. Wie auch? In ihrem Kopf war es ganz kalt, und ihr Hirn fühlte sich an wie Brei. Sie konnte nicht wieder von Bär anfangen, nicht nach dem letzten Gespräch, das so schlecht verlaufen war. Doch sie musste an Bärs Gesicht und seinen flehenden Blick denken.

Schließlich fing sie an zu weinen. Nicht mit lauten, hässlichen Schluchzern, sondern mit kleinen zornigen Tränen, die ihr gegen ihren Willen aus den Augen quollen und über die Wangen liefen. Wütend wischte sie sie weg. »Immer nimmst du mir alles weg, was ich liebe.«

Ihr Vater guckte so erschrocken, als hätte sie ihm ein Glas eiskaltes Wasser ins Gesicht geschüttet. »Das stimmt nicht.«

»Doch!«, rief sie. »Du hast mir die Ratte weggenommen, die ich gerettet habe!«

»Weil es eine Ratte war«, sagte er, zog sein riesiges Taschentuch aus der Tasche, schüttelte Anisbonbonpapier heraus und reichte es ihr. »Ratten gehören nicht ins Haus.«

»Und was ist mit der Tierauffangstation?«

»Was für eine Tierauffangstation?«

»Siehst du!« Sie schnaubte sich die Nase. »Da suchen sie Freiwillige für das Ausmisten der Pferdeställe, aber ich brauche eine Einverständniserklärung der Eltern.

Ich hab dich schon so oft gebeten, den Zettel zu unterschreiben, und du hast es immer noch nicht gemacht!«

»Aber … wie kann es mitten in der Stadt Pferde geben?«, fragte er und nahm mit spitzen Fingern das vollgeschnupfte Taschentuch zurück. »Ich wusste gar nicht, dass es bei uns in der Gegend einen Stall gibt.«

»Weil du mir nie zuhörst!«, schrie April verzweifelt. »Du hast überhaupt keine Ahnung davon, was ich möchte! Du hast gesagt, wir fahren zusammen zum nördlichen Polarkreis, um Zeit miteinander zu verbringen. Aber das war gelogen! Du bist so beschäftigt damit, die ganze Zeit traurig wegen Mum zu sein, dass du mich überhaupt nicht siehst! Und wenn es das nicht ist, dann arbeitest du!«

Die Augenbrauen ihres Vaters zuckten komisch, wie immer, wenn er nervös war. Er verzog die Mundwinkel und räusperte sich. »Vielleicht können wir … dir Reitstunden organisieren, wenn wir wieder zu Hause sind.«

»ICH WILL KEINE REITSTUNDEN!«

April wollte nicht brüllen. Es kam einfach so aus ihr heraus. Bär wäre stolz auf sie, denn so laut hatte sie bisher noch nie gebrüllt. Es war so ohrenbetäubend, dass ihr Vater mit der Hand zuckte und ihm der Kaffee aus der Tasse ins Gesicht spritzte. Nachdem er sich die Stirn mit dem vollgeschnupften Taschentuch abgewischt und einmal durchgeatmet hatte, riss er die Augen auf und schaute April an, als sähe er sie zum ersten Mal seit Jahren.

April schaute zurück.

Das Brüllen in ihrer Brust verklang, doch ihr Herz klopfte immer noch wild, und das Blut floss wie heiße Lava durch ihre Adern.

»Dafür interessiere ich mich überhaupt nicht mehr«, fuhr sie in ruhigem Ton fort. »Ich bin nur noch nicht bereit, abzureisen.«

»April?« Ihr Vater streckte die Hand aus, als wollte er ihr auf die Schulter klopfen, dann überlegte er es sich anders und zog sie wieder zurück. »Weißt du, erst wollte ich nicht zustimmen, aber … nach unserem Gespräch über den Eisbären … und dann die Sache mit den Vorräten … da dachte ich … ich dachte, du bist zu Hause besser aufgehoben. Und da … habe ich Ja gesagt.«

»Dann nimm das wieder zurück.«

»Es ist zu spät«, sagte ihr Vater. »Er kommt morgen an.«

Dreiundzwanzigstes Kapitel

Keine Zeit mehr

April dachte gern, sie wäre erwachsener als andere Mädchen in ihrem Alter. »Ich bin zwar klein, aber wenigstens bin ich keine Heulsuse«, sagte sie oft zu sich selbst.

Doch heute Abend stürmte sie in ihr Zimmer, warf sich aufs Bett und schrie in ihr Kissen.

Ihr Vater klopfte an, dann noch mal, dann ließ er sie in Ruhe. Nach einer Weile erfüllte Mozarts Konzert für Flöte und Harfe die Hütte. Es war ein friedliches, tröstliches Stück, und Atemzug um Atemzug beruhigte April sich allmählich.

Es war nur der Schock.

Sie hatte ihren Vater nicht so anbrüllen wollen. Wie er geguckt hatte! Hatte sie ihn je so erschrocken gesehen? Nein. Nicht seit er mitbekommen hatte, wie sie auf dem Schuppendach Radschlag machte, und kalkweiß geworden war. Unwillkürlich musste sie kichern, aber dann verstummte sie, und das Kichern rann aus ihr heraus wie saure Milch.

Morgen kam der neue Meteorologe.

Morgen!

Sie hörte schon, wie ihr Vater anfing zu packen.

Entschlossen setzte sie sich auf und schüttelte den Kopf, um die Erkältung loszuwerden. Erst neigte sie den Kopf nach links, damit sie aus ihrem Ohr herausfließen konnte. Dann neigte sie den Kopf nach rechts, um die letzten Reste loszuwerden. Als ihr Kopf sich nicht mehr so vernebelt anfühlte, riss sie das Fenster auf, und die Eiseskälte strömte herein und schlug ihr ins Gesicht.

Endlich wurde ihr Kopf klar.

Die Insel war vom Licht der schwachen Abendsonne überflutet. Es hatte aufgehört zu regnen, doch die Feuchtigkeit lag noch in der Luft. Nie wieder würde sie diese Aussicht haben. Nie wieder sehen, wie die Sonne das Meer rosa färbte. Den aprikosenfarbenen Himmel. Nie wieder die drei Berge mit den schneebedeckten Gipfeln am Horizont, den wilden Ginster, die zahllosen kleinen blauen Seen und die vielen anderen geheimen Flecken, die sie in den letzten Monaten erkundet hatte.

Sie schaute mit ruhigem, festem Blick und ließ alles so lange auf sich wirken, bis ihr schwindelig wurde.

Von Bär keine Spur.

Aber das machte nichts. Sie wusste auch so, dass er sie hören konnte.

»Heute Nacht geht es los«, flüsterte sie in den Trichter ihrer Hände. »Wir treffen uns um Mitternacht am Boot.«

Sie spitzte die Ohren, so wie Bär es ihr beigebracht hatte, und lauschte. Sie hörte das ferne Tosen der Wellen, kreischende Möwen, das Seufzen der Berge und das sanfte Ausatmen der Erde.

Und dann …

Da war es.

Bär brüllte.

Sein Brüllen hüpfte und huschte und schwirrte über die Erde, erreichte schließlich ihr Fenster und schlug gegen ihr Herz. Sie drückte das Brüllen fest an die Brust, ließ sich aufs Bett sinken und atmete es von Kopf bis Fuß ein. Nach einer Weile spürte sie die Schmerzen und die Schnupfnase gar nicht mehr. Sie war von etwas Mächtigerem erfüllt.

Sie war voller Bärenenergie.

Das Boot war startklar.

Und jetzt musste auch sie startklar sein.

Sie wartete bis elf Uhr, dann stieg sie in ihre Regenbogengummistiefel und zog sich die Mütze tief ins Gesicht. Es gab nur noch eins zu tun.

Ganz leise machte sie in einem Topf ein bisschen H-Milch warm, rührte Kakao hinein und schrieb ihrem Vater einen kurzen Abschiedsbrief. Den ganzen Abend hatte sie überlegt, was sie schreiben sollte.

Lieber Dad,
es tut mir leid, dass ich dich heute Abend angeschrien habe. Ich habe es nicht so gemeint. Ich habe mir nur Sorgen um Bär gemacht, und ich sage die Wahrheit.
Ich hab dich lieb.
April
PS: Bitte such mich nicht, das ist zu gefährlich.

Sie konnte sich nicht erinnern, wann sie ihrem Vater das letzte Mal gesagt hatte, dass sie ihn lieb hatte. Nicht seitdem ihre Mutter tot war. Jetzt, wo sie darüber nachdachte, kam ihr das dumm vor. Nur weil ihre Mutter nicht mehr lebte, hieß das ja nicht, dass sie sich nicht mehr lieb haben konnten.

Obwohl sie sich gestritten hatten und der Sommer nicht ganz so gelaufen war wie geplant, hielt der Gedanke an seine grau melierten Haare, die wilden Augenbrauen und die sanften grauen Augen sie fast zurück. Wie seltsam, dass ihr jetzt, wo sie ihn verließ, plötzlich hunderttausend Sachen einfielen, die sie ihm sagen wollte:

- Danke für die täglichen Pralinenschachteln, als sie Windpocken hatte und eine Zeit lang nicht zur Schule gehen konnte.
- Dass ihr Lieblingsstück von Mozart »Voi che sapete« aus *Figaros Hochzeit* war, weil sie dabei Lust bekam zu hüpfen.
- Dass er sich auch ein Paar Regenbogengummistiefel kaufen sollte, damit er nicht immer so ernst wirkte.
- Dass es ihr leidtat, ihn nicht öfter nach seiner Arbeit an der Uni gefragt zu haben und ob sie ihm eigentlich Spaß machte.
- Und was seine liebste Erinnerung an ihre Mutter war, damit sie die vielleicht miteinander teilen konnten.

Aber für all das war es jetzt zu spät.

Also stellte sie ihm die Teekanne mit Kakao und seine Tasse vor die Schlafzimmertür, legte den Brief dazu, und ohne allzu lange darüber nachzudenken, schubste sie ihren Rucksack durch das Fenster ihres Zimmers und kletterte mit einem kleinen angestrengten Grunzen hinterher.

Vierundzwanzigstes Kapitel

Das Boot

Der Regen kam zurück und ging den ganzen Weg zur Walrossbucht in Strömen nieder. Er rann ihr in den Nacken, den Rücken hinunter und drang sogar in ihre Gummistiefel.

Als sie beim Boot ankam, merkte sie, dass sie das Satellitentelefon vergessen hatte. Zurückzugehen, um es zu holen, war zu riskant, und sie hätte sich für ihre Vergesslichkeit ohrfeigen können.

Als sie Bär sah, legte sie das Gesicht an seine Brust. Es war, als wäre sie in ein kuschelweiches Fleece gehüllt oder von hundert puscheligen Katzen umringt. Nach ein paar Minuten hörten ihre Zähne auf zu klappern.

Aus der Nähe roch er so wie alle Tiere: ein bisschen wild, nach Moschus und gleichzeitig süß. Sie fühlte sich sicher und geborgen. Sie blieben viel länger so, als es nötig war. Aber Bärenumarmungen sind die besten überhaupt, also war es eigentlich egal, wie lange es dauerte.

»Dann müssen wir wohl mal los, was?«

Das Boot war zu schwer für April, sie war darauf angewiesen, dass Bär es bewegte. Aber es war nicht so einfach, ihm das begreiflich zu machen, denn er interessierte sich viel mehr dafür, in den Wellen zu spielen. Schließlich legte sie die Schulter an den Rumpf des Boots und versuchte es zu schieben, aber es war zwecklos. Ebenso gut hätte sie versuchen können, einen Berg zu bewegen. Im strömenden Regen schlug sie frustriert gegen das Boot.

Da kam Bär neugierig herüber, beugte sich herab und schob das Boot an. Erst im Spaß, als wäre es nur ein Spiel, allmählich aber mit mehr und mehr Kraft.

April lehnte sich erleichtert zurück, ihr Atem rasselte in der Brust.

»Los, Bär! Du schaffst das!«

Doch das Boot gab immer noch keinen Millimeter nach. Wann war es überhaupt zuletzt bewegt worden? Wenn es nun festsaß? Oder zu schwer war? Wenn Bär nun für immer hierbleiben musste?

Sie hielt die Luft an.

Bär schob noch fester. Er schob mit seiner ganzen Kraft und Bärenstärke. Er brüllte und grunzte und stöhnte. Da ging ein Knarren durch das Boot, aber es bewegte sich immer noch nicht. Es ruckelte und ächzte – ein Geräusch, wie wenn Nägel eingeschlagen werden und gleichzeitig der Zahnarzt bohrt.

Bär bleckte die Zähne und senkte den Kopf, um noch einmal mit brachialer Gewalt zu schieben. Und da machte das Boot ein schabendes Geräusch. Dann noch eins.

»Es bewegt sich! Du schaffst es!«

Zentimeter für Zentimeter gelangte das Boot näher ans Ufer, bis die erste Welle über den Rumpf spritzte. April, die jeden Millimeter mit Jubel begleitet hatte, nutzte die Gelegenheit, um ins Boot zu springen. Sie keuchte und prustete vor Schreck, als das Meerwasser wie Eisregen auf sie niederprasselte.

»Noch ein Mal schieben, Bär, dann sind wir im Wasser!«

Bär ließ die Schultern sinken und sammelte all seine Kräfte. Und mit einem letzten, mächtigen Schubs verließ das Boot die Walrossbucht und schaukelte endlich auf dem Meer.

»Wir fahren!«, schrie April, als das Boot die erste Welle erklomm und wieder heruntersank.

Bär sah vom Ufer aus zu, und einen entsetzlichen, herzzerreißenden Moment lang dachte April, er käme nicht mit und sie müsste ganz allein davontreiben. Sie pfiff laut auf den Fingern und hoffte inständig, dass die Botschaft ankam. Zum Glück ließ er sich nicht lange bitten. Er sprang ins Wasser und schwamm zu ihr.

Er kletterte an Bord, wobei sich das Boot bedenklich neigte, und April umarmte ihn fest. Als sie ihn losließ, war sie klatschnass, und das Boot war schon weit auf dem Meer, es schaukelte auf den kalten grauen Wellen hin und her.

Während sie damit kämpfte, die Plane zu sichern, fiel ihr die Warnung ihres Vaters ein, nicht zu nah ans Ufer zu gehen. Dafür war es jetzt zu spät. Die Bäreninsel war aus ihrem Blickfeld verschwunden. Ihr wurde flau im Magen, und sie band schnell den letzten Knoten.

»Wir sind unterwegs«, flüsterte sie, kuschelte sich in der Dunkelheit an Bär und drückte die Daumen. »Nächster Halt: Spitzbergen.«

Sie wusste nicht, wie viele Stunden vergangen waren, jedenfalls genug Zeit, um ein bisschen zu rudern – was viel schwerer war, als sie je gedacht hätte –, etwas kalte

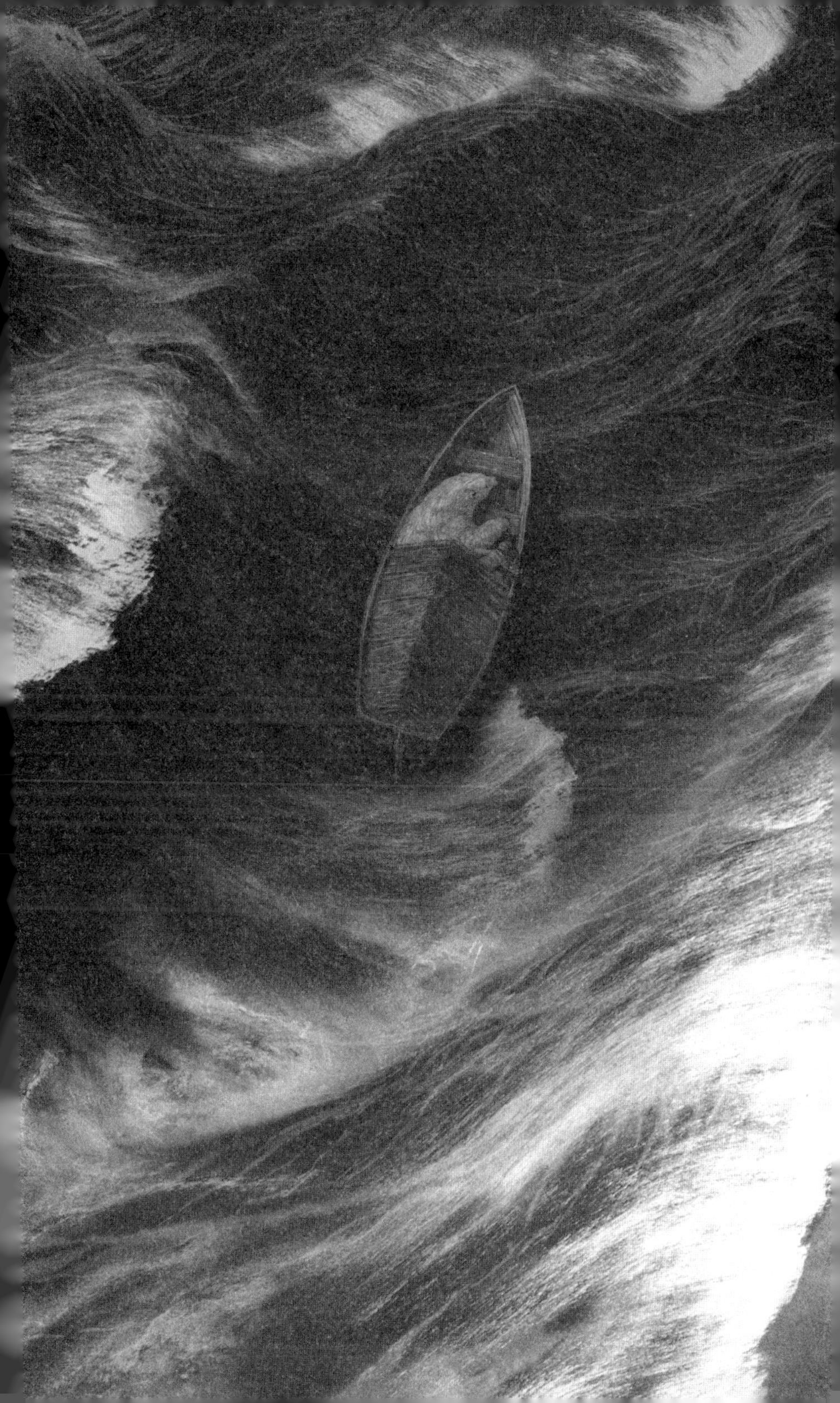

Suppe zu essen, die Haferkekse mit Bär zu teilen und sogar an ihn gekuschelt ein Nickerchen zu halten. Sie wurde aus dem Schlaf gerissen, weil sie Achterbahn fuhren. Zuerst ging es steil bergauf. Hoch und höher, himmelhoch. Auf dem Gipfel zog sich ihr Magen ganz komisch zusammen. Dann ging es mit einem Ruck wieder steil bergab.

April streckte die Arme aus, um sich irgendwo festzuhalten, aber da war nicht viel. Am Ende klammerte sie sich an den Sitz. Das Holz schnitt ihr in die Hände und ihre Zehen waren taub vor Kälte. Wieder machte das Boot einen Satz. Aprils Magen schlug Purzelbaum. Ihr Kopf wurde nach hinten geschleudert. Bär wimmerte.

»Schscht, hab keine Angst«, murmelte sie und ließ den Sitz los, um seine Wange zu berühren. »Wir schaffen das schon. Siehst du? Der Kompass zeigt immer noch nach Norden.«

Wieder hob sich das Boot wie ein Flugzeug von der Startbahn. Sie stiegen höher, erreichten den Gipfel der Welle und stürzten dann wieder hinab. April unterdrückte einen Schrei.

»Alles ist gut«, sagte sie, als Bär erneut wimmerte. »Das klappt schon. Ich guck nur mal kurz raus, um zu sehen, ob wir bald da sind.«

Ihre Finger waren eiskalt und gefühllos, als sie versuchte, den Knoten zu lösen, der die Plane sicherte. Sie rückte ihm mit den Zähnen zu Leibe, bis er aufging, dann spähte sie durch die Lücke.

»O Gott.«

So weit sie blicken konnte, sah sie nichts als graue Wellen, die das Boot von allen Seiten umzingelten. Und zwar nicht solche Wellen, wie sie ans Ufer der Bäreninsel geschwappt waren. Diese Wellen waren monströs. Gigantisch groß. Haushoch. So grotesk groß, dass ihr Boot wie ein Spielzeug wirkte.

April schluckte.

Da war kein Land.

Da war nichts – nur die entsetzlichen, grausigen Wellen und Bär und sie in ihrem Boot.

Bär kauerte am anderen Ende des Boots und sah sie mit seinen großen Schokoladenaugen an. Sie streckte die Hand aus und kraulte ihn unter dem Ohr.

»Alles ist gut.« Entschlossen machte sie die Plane wieder dicht und beschloss, ihm nichts von den schwarzen Wolken zu sagen.

Fünfundzwanzigstes Kapitel

Das Unwetter

Mit einem Donnerschlag und dem wilden Trommelregen, der auf die Plane prasselte, ging das Unwetter los. Es war, wie wenn man bei Regen im Zelt hockte. Nur dass es im Zelt gemütlich war und man sich sicher und geborgen fühlte.

Nichts davon empfand April in diesem Moment.

Die Wellen waren jetzt noch monströser.

Um das zu wissen, brauchte sie nicht unter der Plane hindurchzuspähen, denn jedes Mal, wenn das Boot anstieg, schien es höher und höher zu gehen. Viel schlimmer konnte es doch nicht mehr kommen, oder?

Doch, es konnte.

Das Boot stieg so hoch empor, als würden sie eine Leiter ins All erklimmen. Auf dem Scheitelpunkt der

Welle schwankten sie bedenklich hin und her, bis sie in den Abgrund stürzten.

April unterdrückte ihre Schreie schon lange nicht mehr.

Es war alles egal. Bär hatte die Augen vor Panik weit aufgerissen, und ein strenger Angstgeruch erfüllte das Boot. Der Regen peitschte unaufhörlich nieder, die Wellen krachten, und der Donner brüllte. April krabbelte bis zur Mitte des Boots und schlang die Arme um Bär. Ihre Gesichter berührten sich und sein Atem war heiß auf ihrem Gesicht.

»Es tut mir leid«, flüsterte sie. »Das ist alles meine Schuld.«

Bär berührte ihre Nase mit seiner. Unter ihrem Ohr schlug sein Herz. In ihrer Brust dröhnte und flatterte es.

»Ich hab dich lieb.« Sie legte die Lippen an sein Gesicht und gab ihm einen Kuss. »Ich hab dich so lieb.«

Sie rückte näher an ihn heran, und irgendwo tief im Innern wusste sie, dass er sie auch lieb hatte. Einen kleinen, vollkommenen Moment lang fühlte sie sich in Sicherheit.

Bis die Welle kam.

Sie schien aus den tiefsten Tiefen des Ozeans aufzusteigen und warf sie mit grausamer Härte in den Himmel. Das Boot kreiselte und tanzte im grauen Himmel, schwebte in der Luft, ehe es steil hinabfiel. Mit einem lauten Knall schlug es auf die Wellen und kenterte.

April schrie.

Bär brüllte.

Als das Boot krachend ins Wasser fiel, riss die Plane ab, das Ruder wurde verschlungen, und der Bug zerbrach. April keuchte, das Wasser war so eisig. Und als sie keuchte, bekam sie Wasser in den Mund. Sie geriet in Panik und versuchte zu Bär zu schwimmen, doch es zog sie unter Wasser, und ihre Hände griffen ins eisige Nichts.

Das Wasser schlug sie hin und her. Sie wurde über Kopf gewirbelt, auf die Seite geworfen und dann auf den Rücken geschleudert. Ihre Regenbogengummistiefel hatte sie verloren, und von dem puren Schock des Wassers auf ihrer Haut schrie sie auf.

Es spielte keine Rolle, dass sie noch mehr Wasser schluckte, dass es wie ranziges Salz schmeckte und dass die Kälte langsam all ihre Organe gefror. Es spielte noch nicht einmal eine Rolle, dass das Boot kaputt war und ihre ganzen Sachen auf den Meeresgrund sanken.

Das alles wäre egal gewesen, hätte sie Bär gehabt.

Und schließlich, als sie gerade dachte, jetzt könnte sie die Luft nicht mehr länger anhalten, wurde sie von der Strömung wieder an die Wasseroberfläche getrieben – und da war er. Sie konnte ihn gerade eben sehen. Aber er war so weit weg. Zu weit! Wieder streckte sie die Hände aus.

»BÄR!«

Bär öffnete das Maul zu einem Brüllen. Sie konnte es sehen, doch sie hörte ihn nicht. Aber er war da – er schwamm hektisch auf sie zu. Mit angelegten Ohren und wild entschlossen, sie zu retten.

Sie berührte mit den Fingerspitzen seine Tatze. Fast geschafft! Fast in Sicherheit.

Aber das Meer war noch nicht mit ihr fertig. Die Strömung packte sie am Knöchel, riss sie von Bär weg und zog sie in die Tiefe.

Sie kämpfte. Sie strampelte mit Armen und Beinen. Sie schrie.

Aber es war so kalt.

So, so kalt.

Und das Meer ließ nicht nach. Es saugte, riss und zog sie immer tiefer. In die düstere Tiefe, in die sich nicht einmal die Mitternachtssonne wagte. Wo das Wasser schwer und dunkel und tödlich war. Wo kein elfjähriges Mädchen hingehörte.

Dort legte sich das Wasser um sie wie Frost.

Und da schloss April nach langem, schwerem Kampf schließlich die Augen.

Es war so bitterkalt.

Und dann …

… wurde alles …

… schwarz.

Sechsundzwanzigstes Kapitel

Wo ist Bär?

»April?« Die Stimme kam von weit her, drang aus einem fernen Land zu ihr herüber. »April?«

Sie lag in einer Koje in einer Kajüte, wo es nach Makrele roch. Und neben der Koje stand …

»Dad?«

»April!« Ihm kamen die Tränen, er beugte sich vor und nahm sie in die Arme. Er roch nach Anis und Tweed, aber auch nach Kakao und zu Hause. »Mein Mädchen.«

Als er sie wieder losließ, schien er über seine Gefühlsaufwallung erschrocken zu sein. Er trocknete sich die Augen, und April versuchte einen klaren Gedanken zu fassen.

Denn das passte alles nicht zusammen.

Wieso fühlte es sich so an, als hätte sie Eisberge im Kopf?

Wieso lag sie jetzt wieder in dieser Kajüte? Das war doch das Frachtschiff, oder? Mit dem sie vor vielen Monaten hergekommen waren.

Weinte ihr Vater etwa?

Und da war noch etwas.

Etwas, was sie nicht zu fassen bekam. Aber sie wusste, dass es ganz wichtig war. Sie musste unbedingt darauf kommen …

Dann kehrten die Kopfschmerzen zurück, wie bohrende Eissplitter, und sie sank wieder in die Dunkelheit.

Als sie zum zweiten Mal aufwachte, dachte sie erst, die Kajüte wäre leer. Da war nichts als ihr eigener rauer Atem und ein paar Träume, an die sie sich nicht erinnern konnte.

Als sie die Stimme hörte, erschrak sie. Er saß auf einem Stuhl auf der anderen Seite des Raums und faltete sein Taschentuch in kleine, akkurate Quadrate. »Was hast du auf dem Meer gemacht?«

April versuchte zu antworten, aber das Eis in ihrem Kopf klirrte. Was hatte sie denn auf dem Meer gemacht?

»Du hättest sterben können!« Ihr Vater sprang auf,

kam mit großen Schritten zum Bett und sah April mit solch einem rohen, unverhüllten Blick an, dass sie am liebsten in ihrem Kissen versunken wäre. Seit der Beerdigung ihrer Mutter hatte sie ihren Vater nicht so bewegt gesehen, und es verwirrte sie, dass sie das ausgelöst hatte.

»Ich weiß«, sagte sie schließlich, und obwohl ihr alle Knochen wehtaten, legte sie ihm eine Hand auf den Arm. »Es tut mir so leid.«

Er holte zitternd Luft, setzte sich auf die Bettkante und steckte langsam das Taschentuch wieder ein. Dann tat er etwas, was er lange nicht mehr getan hatte: Er legte seine Hand auf ihre. Eine Weile sagte keiner von beiden etwas. Aber manchmal braucht das, was man im Herzen hat, keine Worte.

»Ich weiß nur noch, dass ich unter Wasser geraten bin«, sagte April und wählte ihre Worte mit Bedacht. »Aber danach … ist alles schwarz.«

Angestrengt versuchte sie sich zu erinnern, was passiert war, aber sie musste gegen einen dichten, grauen Nebel kämpfen, und je mehr sie sich anstrengte, desto schlimmer wurden die Kopfschmerzen.

»Ich habe erst am Morgen gemerkt, dass du weg warst«, sagte ihr Vater, »als das Schiff mit dem neuen

Meteorologen und seinem Assistenten schon gekommen war. Wir haben dich überall gesucht und …« Er räusperte sich mehrmals, und April verschränkte ihre Finger mit seinen. »Und dann fanden wir die Schleifspuren am Strand und begriffen, dass du das Boot genommen hattest. Der Käpt'n hielt es nicht für möglich – denn wie sollte ein kleines Mädchen so ein Boot ins Meer schieben? Aber dieser Junge, Tör, hat erraten, wohin du möglicherweise wolltest.«

»Oh!«, rief April.

In ihren Ohren rauschte es, ein Geräusch von Wasserfällen und noch etwas anderem. Etwas Lautes, Ursprüngliches, ganz tief in ihrem Innern.

»Bär!« Mit einem Ruck fuhr sie hoch, das Blut schoss durch ihre Adern. »Wo ist er?!«

Ihr Vater machte den Mund auf und klappte ihn wieder zu und wurde seltsam rot.

»Nein!« Sie schlug die Decke zurück, eilte schwankend an ihrem Vater vorbei, riss die Tür auf und rannte barfuß aufs Deck.

»April!«

Der Wind schlug ihr ins Gesicht, an Deck roch es nach Öl und Schmutz. Ein paar Matrosen sahen sie neugierig an.

»Wo ist er?«, rief sie und schaute sich panisch um. »WO IST BÄR?«

Der Wind heulte, der Motor tuckerte, und jede einzelne Zelle ihres Körpers schmerzte. Um sie herum kreischten die Möwen und tauchten in den endlosen gewölbten Himmel. Sie lief einmal über das Deck, die Kälte peitschte und piesackte ihre Haut. Doch sie fand nur aufgerolltes Seil und Öl, und sie spürte die scharfe arktische Luft im Gesicht. Sie beugte sich über den Rand und schaute konzentriert in alle Richtungen zum Horizont, aber das Einzige, was sie sah, war der weite, leere Ozean.

»Bär!«

Sie ließ sich von der Reling zurücksinken, das Gesicht taub, die Finger gefroren, und stolperte durch die nächstbeste Tür. Die schwere Eisentür knallte hinter ihr zu, und sie stand plötzlich in einem dunklen, geschlossenen Durchgang, der sich durch den Bauch des Schiffes wand. Panik brachte sie jetzt nicht weiter. Sie holte tief Luft und beruhigte sich. Jetzt konnte sie hören. Lauschen, wie Bär es ihr beigebracht hatte. Mit gespitzten Ohren und geschärften Sinnen.

Erst hörte sie nichts als das laute Tuckern des Schiffsmotors, aber dann … da war etwas. So klein, dass es ihr fast entgangen wäre. Sie stimmte sich auf das Geräusch ein, und mit klopfendem, tanzendem Herzen folgte sie dem Durchgang hinab in den düsteren Unterbauch des Laderaums. Dort gelangte sie zu einer weiteren verschlossenen Eisentür, und diese wurde von Tör bewacht.

»Hallo«, sagte er.

Bis auf einen kurzen Blick beachtete sie ihn kaum. Ihr ganzer Körper kribbelte vor Angst und Erwartung. Tör nahm einen großen Schlüssel aus der Tasche, machte langsam die Tür auf und wich zurück.

Weiter hinten im Raum kauerte, dicht am Boden und eine Eisenkette fest um die Vorderpfoten gebunden, Bär.

Siebenundzwanzigstes Kapitel

Mut

»Bär!«

Vergessen war, dass ihr die Knochen wehtaten, dass ihr Schädel pochte und dass sie Glück hatte, überhaupt am Leben zu sein. Als April Bär sah, vergaß sie alles – sogar ihre Schmerzen.

Sie rannte zu ihm, sank in fliegender Eile auf die Knie und schlang die Arme um seinen Hals.

Er winselte und wand sich wie ein aufgeregtes Hündchen. Als er sie mit seinen leuchtenden Schokoladenaugen ansah, wurde ihr ganz schwummerig. Sie vergrub das Gesicht in seinem weichen, flauschigen Fell, und sie hielten einander fest.

Als sie sich schließlich von ihm löste, leckte er ihr über das Gesicht und knurrte leise. Es war kein wütendes, sondern ein freundliches Knurren. Ein Knurren tiefer Zufriedenheit. Sie nahm sein Gesicht in die Hände und gab ihm einen Kuss auf die Nase.

»Ich hab mich ja schon gewundert, als du mich angerufen und gefragt hast, wie man nach Spitzbergen kommt.« Sie hatte ganz vergessen, dass Tör hinter ihr stand. »Eine ziemlich verrückte Frage. Aber nicht so verrückt, wie sich ein Boot zu schnappen und es wirklich zu tun.«

»Ich muss mich bei dir bedanken«, sagte April und legte ihre Wange an die von Bär. »Du wusstest, wo wir zu finden waren.«

Tör starrte die beiden an, als versuchte er, etwas Unbegreifliches zu verstehen. »Als wir dich fanden, hatte er dich im Maul. Er strampelte im Wasser, und du hingst einfach zwischen seinen Zähnen. Wir dachten, er wollte dich töten.«

Sie spürte immer noch das eiskalte Wasser in ihrem Körper und das entsetzliche Gefühl, in bodenlose Finsternis zu fallen. Sie schluckte und bibberte aufs Neue.

»Er hat mich gerettet, oder?«, fragte April mit zugeschnürter Kehle. »Bär hat mir das Leben gerettet.«

Sie nahm Bär fest in die Arme, denn Worte reichten dafür nicht aus. Und er verstand sie sowieso ohne Worte. Als sie ihn endlich losließ, sah sie Tör hart an. »Lass mich raten – ihr wolltet ihn töten, oder?«

»Mein Vater.« Tör hob entschuldigend die Hände. »Er ist anders als wir. Das musst du verstehen. Er ist in einer Zeit aufgewachsen, als Tiere Jagdtrophäen waren. Man rettete sie nicht. Außerdem dachten wir ja, wir müssten dich vor dem Bären retten.«

»Und dann?«, fragte April. »Irgendwer hat ihn ja offenbar davon abgehalten, Bär zu erschießen. Warst du das?«

Man musste Tör zugutehalten, dass er immerhin rot wurde. »Nein, ich nicht. Jedenfalls nicht sofort.«

»Wer denn dann?«

Sie hörte die Schritte erst, als ihr Vater neben Tör auftauchte, und genau wie Tör rieb er sich die Augen und sah April und Bär staunend an.

»Du?«, sagte sie ungläubig. »Du hast Bär gerettet?«

Sie starrte ihn an, als sähe sie ihn zum ersten Mal. Mit seiner Tweedjacke, seinen zerzausten Haaren und dem Anisgeruch war er immer noch ihr Vater – und trotzdem sah er irgendwie anders aus. Als wäre die hauchdünne Pergamenthülle um ihn herum endlich verschwunden und eine stabile Version aus Fleisch und Blut darunter zum Vorschein gekommen.

»Dad«, sagte sie und grinste. »Das ist Bär.«

Unbeholfen kam er näher und streckte eine Hand aus. »Sehr erfreut, dich kennenzulernen … Bär.«

Bär warf nur einen Blick auf die ausgestreckte Hand und bleckte die Zähne.

Schnell zog Aprils Vater die Hand zurück.

»Er will sich nur bedanken«, sagte April und schlang die Arme um ihren Vater. »Und ich sage auch Danke.«

Als April ihn losließ, waren seine Haare noch zerzauster als sonst, aber auf seinem Gesicht lag ein Lächeln, das sie seit Jahren nicht gesehen hatte.

»Glaubst du mir jetzt?«, sagte sie. »Ich hab versucht ihn zu retten! Damit er nach Hause kann – zurück nach Spitzbergen zu den anderen Eisbären.«

»April.« Ihr Vater nahm die Brille ab und sah sie aufmerksam an. »Ich hätte dir von Anfang an glauben sollen.«

»Hast du aber nicht. Du hast gesagt, ich hätte ihn mir nur ausgedacht.«

»Und ich habe mich geirrt«, sagte er leise.

April nickte und versuchte sein Lächeln zu erwidern. Aber das war nicht leicht. Sie hatte einen Kloß im Hals und wagte nicht zu sprechen.

»Weißt du, warum ich Mozart liebe?« Ihr Vater räusperte sich mit einem rauen Husten. »Er war einer der größten Komponisten, die es je gab. Nicht weil er sich Musik in seinem Kopf ausgedacht hat, sondern weil er sie mit dem Herzen schrieb. Und wenn man aus dem Herzen heraus lebt, kann man unmöglich lügen.« Er hielt inne und wischte sich etwas aus dem Auge, das eine Träne sein konnte oder auch nicht. »Ich … ich hätte wissen sollen, dass du die Wahrheit sagst, denn, April, mein liebes Mädchen, du bist genau wie deine Mutter, und dein Herz lügt nie.«

Da nahm er ihre Hand in seine, wenn auch etwas ungeschickt, und drückte sie. Und in diesem Moment begriff April, dass sie ihren Vater wiederhatte. Sie begriff auch noch einige andere Sachen, die durch ihren Kopf schwirrten wie flatternde Schmetterlinge.

Aber sie hatte jetzt keine Zeit zum Nachdenken, denn Bär übertönte alle Gedanken mit einem Brüllen. So ein

Brüllen, von dem das Schiff ruckelte, das Meer schaukelte und das Leben sich veränderte. Dann schaute er von einem zum anderen mit einem Lächeln wie eine Mischung aus Zuckerwatte und Sonnenschein.

»Er freut sich«, erklärte April dem erschrockenen Tör und ihrem belustigten Vater. »Wollt ihr mal mein Brüllen hören?«

Gerade als sie sich auf ihr allerlautestes Brüllen vorbereitete, wurde die Tür zum Laderaum aufgerissen, und der Käpt'n tauchte auf, in den Händen ein Gewehr, mit dem er direkt auf Bär zielte.

»NEIN!« April warf sich vor Bär. »Nicht schießen!«

Schnell trat ihr Vater vor und stand jetzt vor Bär und April. »Er ist überhaupt nicht gefährlich, Sir«, sagte er ruhig und bedächtig. »Meine Tochter hat ihn absolut unter Kontrolle. Sie können das Gewehr runternehmen.«

Der Käpt'n starrte am Gewehrlauf entlang. »Sind Sie verrückt?«, fragte er und hielt das Gewehr noch fester. »Einen wilden Eisbären kann man nicht unter Kontrolle haben!«

»Sie nicht«, sagte April. »Ich aber schon.«

Im Gesicht des Käpt'ns spiegelte sich eine Wut wie die wilde See, doch diesmal hatte April keine Angst –

nicht mit Bär an ihrer Seite und Bärenmut im Herzen. Also reckte sie sich zu ihrer vollen Größe und blickte dem Kapitän fest in die Augen.

»Er ist mein bester Freund, und von jemandem, der Tiere nicht mag, erwarte ich nicht, dass er das versteht. Aber ihr habt alle gesehen, wie er mir das Leben gerettet hat.« Sie ging näher an Bär heran und legte ihm einen Arm um den Hals. »Wenn Sie ihn töten wollen, müssen Sie mich zuerst töten.«

»Und mich«, sagte ihr Vater und legte den Arm um April.

»Und mich.« Tör stellte sich vor die drei.

»Mein Sohn?« Der Käpt'n ließ das Gewehr sinken. »Du glaubst diesen Quatsch?«

»Dad.« Tör richtete sich auf. »Von dir habe ich gelernt, dass der Ozean eine Welt voller Geheimnisse ist, die der Mensch nie ganz verstehen kann. Selbst wenn das heißt, dass ein Mädchen mit einem Eisbären befreundet sein kann. Also ja, ich glaube das.«

Der Käpt'n schaute Tör an, sein wettergegerbtes Gesicht verriet, dass er zwischen der Bitte seines Sohns und seiner Verantwortung für das Schiff hin- und hergerissen war.

April hielt die Luft an.

»Die Zeiten haben sich geändert«, fuhr Tör jetzt sanfter fort. »Vielleicht müssen wir uns auch so langsam mal ändern.«

»Na gut, na gut«, murrte der Käpt'n schließlich. »Aber was sollen wir mit ihm machen? Ihn in den nächstgelegenen Zoo bringen?«

»Bär gehört nicht in einen Zoo!«, rief April. »Wir müssen ihn zurück nach Spitzbergen bringen!«

Der Käpt'n sah sie entgeistert an.

»Früher war die Bäreninsel voller Bären«, erklärte sie. »Deshalb heißt sie ja auch so! Aber jetzt gibt es dort keine Bären mehr. Und wissen Sie auch, warum? Weil das Eis geschmolzen ist und die Bären nicht mehr dorthin können. Deshalb müssen wir ihn nach Hause bringen.«

»Und dafür bin ich verantwortlich, weil?«

»Weil wir alle dafür verantwortlich sind!«, schrie April. »Verstehen Sie das nicht? Nicht Sie oder ich haben die Polkappen zum Schmelzen gebracht, sondern wir alle. Und wenn wir nicht alles Menschenmögliche tun, um zu helfen, dann gibt es bald keine Eisbären mehr.«

»Dad.« Tör wandte sich zu seinem Vater. »Sie hat recht. Und hier geht es nicht nur um die Eisbären. Du hast selbst schon so oft gesagt, dass das Meereis sich jedes Jahr weiter zurückzieht. Das können wir mit eigenen Augen sehen.«

»Ihr wollt, dass ich jeden Eisbären rette, den ich sehe?«

»Nein«, sagte April. »Nur diesen hier.«

»Glaubst du, ich will nicht auch die Arktis retten?«, sagte der Käpt'n aufgebracht. »Aber da gehört mehr dazu, als dass ein kleines Mädchen einen einzelnen Eisbären rettet.«

»Stimmt«, sagte April. »Aber stellen Sie sich vor, jeder Einzelne auf der Erde würde nur einen Beitrag leisten.«

»Das würde immer noch nicht reichen.«

»Aber es ist besser, als nichts zu tun.«

Der Käpt'n schaute sie nachdenklich an und schien mit sich zu ringen – es dauerte eine Ewigkeit, bis er wieder sprach. »Ich befahre diese Gewässer seit über dreißig Jahren, und es stimmt, dass das Eis in dieser Zeit schneller geschmolzen ist, als ich es je für möglich gehalten hätte.« Er warf Tör einen nachdenklichen Seitenblick zu. »Schon bald wird die Arktis, wie ich sie kannte, nicht mehr die Arktis sein, die mein Sohn kennen wird. Ich tue das nicht nur für dich. Ich tue das auch für ihn.«

April nahm Bärs Tatze. Ein unbändiger Freudenstrahl tanzte durch ihren Körper.

»Aber ich lasse es nicht zu, dass er unter meiner Aufsicht irgendjemanden aus meiner Mannschaft angreift. Er bleibt die ganze Zeit angekettet, verstanden?«

April nickte.

Und dann fuhr das Schiff Richtung Norden.

Achtundzwanzigstes Kapitel

Spitzbergen

Spitzbergen war atemberaubend.

Es glitzerte wie Diamanten in der Sonne. Es tanzte unter einem riesigen, unergründlichen Himmel. Es schimmerte und atmete und sang auf seine ganz eigene magische Art. Sie waren in den größten Hafen bei Longyearbyen eingefahren, das war die Hauptstadt von Spitzbergen und eine der nördlichsten Siedlungen der Erde. Es war ein Ort endgültiger Grenzen, unvorstellbarer Abenteuer und einer der letzten Orte der Erde, die immer noch vor reiner, ursprünglicher Wildnis strotzten.

April war während der gesamten Überfahrt im Frachtraum geblieben und Bär nicht von der Seite gewichen, und erst als das Schiff mit einem lauten Rums im Hafen angelegt hatte und alle bis auf den Käpt'n von Bord gegangen waren, durfte April Bär losmachen und mit ihm an Deck gehen.

Als sie oben ankam, stockte ihr der Atem. Noch nie hatte sie etwas so Schönes wie Spitzbergen gesehen. So nah am Nordpol roch die Luft nach Eis, sauber und frisch und traumgleich.

Bär neben ihr bebte.

»Da wären wir«, sagte sie. »Erinnerst du dich?«

Er legte den Kopf schief. Seine Augen leuchteten auf, und ein Lächeln schien über sein Gesicht zu huschen. Offenbar instinktiv ging er über die Landungsbrücke dem Ufer entgegen, und April musste sich beeilen, um hinterherzukommen.

Im Hafen wurden sie von Lisé erwartet, einer jungen Frau mit lila Haaren. Sie trug eine rote Regenjacke, genau wie April, dazu Regenbogengummistiefel, und sie hatte ein Grinsen im Gesicht. April, die ein paar Klamotten von Tör bekommen hatte, mochte sie auf Anhieb.

»Du bist das also, die den Eisbären gerettet hat«, sagte Lisé mit französischem Akzent und sah April bewundernd an. »Alle hier reden von dir!«

April wurde rot. »Ich hab nur getan, was ich tun musste.«

»Das verstehe ich.« Lisé breitete die Arme aus, um die schöne und doch gefährdete Umgebung einzuschließen. »Deshalb sind wir alle hier. Um unseren Beitrag zu leisten. Und das ist also dein Freund?«

Bär war auf der Landungsbrücke stehen geblieben und schnupperte neugierig in die Luft. Nur noch ein Schritt, dann war er zu Hause. In der schwachen Brise raschelte und bewegte sich etwas, und der Geruch anderer Eisbären wehte zu ihnen herüber. Sie rochen leicht muffig, wild und lebendig. Bär spitzte die Ohren, und unter ihrer Hand spürte April, dass sein Herz hüpfte.

»Oh, er ist wirklich ein Prachtkerl«, sagte Lisé. »Hier wird er es gut haben, er kann frei durch die Gegend streifen.«

Tör hatte ihr unterwegs von dem Polarinstitut erzählt und erklärt, dass es eine Organisation der norwegischen Regierung sei, die ihr Bestes dafür gebe, die Region um Spitzbergen zu schützen und zu bewahren.

»Wenn er sich erst mal eingelebt hat, werden wir ihn im Auge behalten, um sicherzugehen, dass er die Reise gut überstanden hat und ihm nichts fehlt.«

April nickte nur, sie hatte einen Kloß im Hals.

»Was du getan hast, war sehr mutig«, sagte Lisé sanft.

»Auch wenn es nicht unbedingt der richtige Weg war. Aber hier ist sein Zuhause.«

Bärs Herz unter ihrer Hand raste und tanzte. Er hatte immer noch einen letzten Schritt vor sich, bis er wirklich an der Küste von Spitzbergen stand, aber sein ganzer Körper war bereit.

In Aprils Brust hämmerte es. »Aber ich weiß nicht, ob ich schon so weit bin!«, rief sie, und ihre Finger fanden die weiche Stelle hinter seinem Ohr. »Am liebsten würde ich bei ihm bleiben.«

»Das hätte er bestimmt auch am liebsten.« Lisé lächelte. »Ihr habt ein unglaubliches Abenteuer erlebt. Geh nach Hause, teil deine Geschichte mit allen, die sie hören wollen, und vor allem auch mit denen, die sie nicht hören wollen. Und tu, was du kannst, damit alle von uns hier oben in Spitzbergen erfahren. Die Arktis braucht die Hilfe aller Menschen mehr denn je.«

April zuckte zusammen, als hinter ihr das Schiffshorn tutete. Sie hatte gewusst, dass sie nur kurz haltmachen würden, aber nicht *so* kurz. Die Zeit lief ihr davon, und atemlos versuchte sie Schritt zu halten.

»Er hat es gern, wenn man ihn hinter dem linken Ohr krault«, sagte sie schnell. »Und wenn er sich wohlfühlt, dreht er sich auf den Rücken und will den Bauch gerubbelt kriegen. Und hier.« Sie reichte Lisé das letzte Glas Erdnussbutter, das ihr Vater unter ihrem Bett gefunden hatte. »Die liebt er.«

Lisé nahm das Glas und hielt es fest. »Ich werde mir Mühe geben, so gut für ihn zu sorgen, wie du es getan hast. Aber vergiss nicht, dass er ein wildes Tier ist. Ich glaube, wenn er erst einmal unter seinesgleichen ist, wird er keinen menschlichen Kontakt mehr brauchen.« Sie sah April nachdenklich an. »Es ist extrem ungewöhnlich, dass sich ein Eisbär so an jemanden anschließt. Ich habe noch nie etwas Derartiges gesehen.«

April hatte immer noch einen Kloß im Hals und nickte nur.

»Soll ich ein Foto machen, bevor du abfährst? Von euch beiden? Ich kann es dir mailen.«

Lisé hatte eine Profikamera für die hochauflösenden Fotos auf ihrer Website, und die richtete sie jetzt auf April und Bär. Bär stellte sich mit seiner mächtigen Gestalt auf die Hinterbeine, legte ihr sanft eine Tatze um die Schultern, und sie schmiegte sich in die Umarmung.

Als das Foto gemacht war, reichte Lisé ihr zum Abschied beide Hände. »Ich glaube, dein Schiff ist abfahrtbereit«, sagte sie, als das Schiffshorn erneut tutete, und dann verschwand sie in Richtung Naturschutzzentrum.

Jetzt stand nur noch Bär vor April.

»So, Bär. Jetzt heißt es Abschied nehmen.«

Ihr Herz schlug schneller, und sie spürte, dass es Bär genauso ging. Zum ersten Mal seit ihrer Ankunft in Spitzbergen wandte er die Aufmerksamkeit von der Insel ab und schaute wieder zu April.

»Bär?« Sie nahm sein Gesicht in die Hände, sodass sie einander anschauten. Seine Schokoladenaugen glitzerten, dann verschmolz sein Blick mit ihrem. Sie musste ein paarmal blinzeln, um ihn richtig sehen zu können. »Wir haben einige Abenteuer miteinander durchgestanden, aber jetzt bist du zu Hause, stimmt's?«, flüsterte April. »Ich merke, dass du das spürst. Und … jetzt muss ich auch nach Hause.«

Bär winselte und gab ein leises, trauriges Stöhnen von sich, bei dem sich ihr Herz zusammenzog. Er stupste ihr Gesicht, bis sie die Arme um ihn legte.

Sie lehnte das Gesicht an seine Wange. »Aber hier wirst du es gut haben. Guck! Du bist in den besten Händen. Lisé ist unheimlich nett. Sie sagt, dass du ein wildes Tier bist, aber wenn du doch mal ein bisschen gestreichelt und geknuddelt werden willst, gehst du einfach zu ihr, okay? Und ich schicke dir Erdnussbutter mit der Post, aber iss nicht zu viel, sonst wirst du zu dick.«

Bärs Ohren zuckten, als sie sich fest aneinanderlehnten. Das Schiffshorn tutete noch einmal. Die Zeit drängte. Sie raste so schnell wie Aprils Herz. April umarmte ihn fester, gab ihm tausend Küsse und spürte, wie es sie zerriss.

»Ich hab dich lieb, Bär.«

Und dann ließ sie ihn los.

Neunundzwanzigstes Kapitel

Das letzte Brüllen

Während Bär die ersten Schritte zurück in das Land machte, wo er hingehörte, entfernte sich Aprils Schiff langsam von Spitzbergen. Sie stand am Heck an die Reling gepresst und streckte die Arme zum Abschied übers Meer aus. Am Ufer blickte Bär dem Schiff verwirrt hinterher. Er war schließlich ein Tier und wusste nicht so recht, weshalb sie ihn verließ.

»Bär!«, schrie sie, als wäre ihr Herz gebrochen. »Bär!«

Jetzt fuhr das Schiff schneller und hinterließ schäumendes Kielwasser, während es sich immer weiter entfernte. Und Bär am Ufer wurde immer kleiner.

»BÄR!«, schrie sie voller Inbrunst. »Bär!«

Der Schmerz kam von einer Stelle hoch, die sie bisher nicht mal gekannt hatte. Wie eine Welle schoss er nach oben und überrollte sie. Irgendwo im Abgrund des Universums riss etwas, zersplitterte in tausend Billionen Stücke. Und sosehr sie auch suchte, sie wusste, dass sie niemals alle wiederfinden würde.

Wie sollte sie ohne ihn leben?

Wie nur?

Es war nicht mal eine Frage, denn es gab keine Antwort. Es war ein Schrei aus ihrem tiefsten Innern. Als hätte man ihr die Seele aus dem Leib gerissen.

Wie sollte sie glücklich sein, ohne ihn je wieder zu streicheln? Ohne je wieder das Gesicht in seinem weichen Fell zu vergraben? Ohne zu sehen, wie seine Ohren zuckten? Und das Grinsen in seinem Gesicht, wenn er auf dem Rücken lag und sich in der Sonne rekelte? Ohne seine feuchte Nase auf der Haut zu spüren? Oder seine Zunge, die über ihre Sommersprossen leckte? Ohne zu sehen, wie er aus dem Meer sprang? Auf seinem Rücken zu reiten und Berge zu erklimmen und sich wie das glücklichste, meistgeliebte Mädchen der Welt zu fühlen?

Wie konnte die Zeit weitergehen, ohne dass Bär ein Teil ihres Lebens war?

»Ich kann nicht!«, schluchzte sie. »Ich kann nicht ohne ihn leben.«

Der Kummer war so gewaltig, so ungeheuerlich und gemein, dass sie kaum schlucken konnte. Sie konnte Bär immer noch sehen. Wie er kleiner wurde. Nicht ihr riesiger Bär, sondern jemand, der immer kleiner wurde. Zu klein! Er verschwand vor ihren Augen.

»Bär!«, schrie sie wieder, die Stimme heiser vor Schmerz. »BÄR!«

An der Küste – sie konnte ihn so gerade noch sehen – stellte Bär sich auf die Hinterbeine und öffnete das Maul zu einem letzten, gewaltigen Brüllen. Es tanzte und hüpfte über die Wellen. Es jagte über das Wasser, dem Schiff hinterher, und erreichte April schließlich.

Bärs Brüllen.

Bärs letztes Brüllen.

Sie fing es mit beiden Händen ein, hielt es fest, als wäre es das Wertvollste auf der ganzen weiten Welt, als wollte sie es niemals mehr loslassen. Während ihr die Tränen über das Gesicht strömten, sah sie Bär zum allerletzten Mal, und dann verschwand er aus der Sicht.

»Es ist alles gut. Er ist jetzt in Sicherheit.« Eine Hand landete sanft auf ihrem Ellbogen. »April, mein Mädchen. Mein lieber kleiner Schatz.«

Sie fuhr herum und vergrub das Gesicht in der Tweedjacke ihres Vaters, die sich noch nie so vertraut und

tröstlich angefühlt hatte. So blieb sie lange Zeit, während ihr Vater ihr über das Haar strich. Sie weinte so sehr, dass sie kaum Luft bekam und ihre Augen rot und geschwollen waren. Aber schließlich gingen ihre Schluchzer in kleine Hickser über, ihr Atem beruhigte sich, und sie konnte sich mit dem Taschentuch, das ihr Vater ihr reichte, die Nase putzen.

»Er hat es doch gut da, oder?«

»Du hast ihn gerettet, April.« Ihr Vater beugte sich zu ihr herunter. »Jetzt kann er ein Leben haben. Ein richtiges Eisbärleben.«

»Aber ...« April holte zitternd Luft. »Was ist, wenn er sich nicht daran gewöhnen kann, mit anderen Bären zusammenzuleben?«

»Genau das wollte er doch, oder?« Ihr Vater sah sie an. »Dorthin zurück, wo er hingehört, und nicht mehr allein auf einer Insel gefangen sein.«

»Ja«, sagte sie leise.

»Du hast ihn in seine Heimat zurückgebracht, damit er überleben kann. Ich glaube, er wird ein glückliches Leben haben, meinst du nicht?«

Sie schluckte die Tränen herunter. »Aber ... was ist mit mir?«

»Er wird dich nie vergessen, April Wood«, antwortete

ihr Vater. »Wie könnte er? Du hast ihm das Leben gerettet.«

»Das hab ich nicht gemeint.«

»Was dann?«

»Wie soll ich glücklich sein?« Sie blinzelte die Tränen fort. »Du bist nie darüber hinweggekommen …«

Ihr Vater zog scharf die Luft ein. »Du meinst, über deine Mutter?« Er seufzte tief. »Erwachsene können so blind sein. Ich habe die wundervollste, tapferste Tochter direkt vor meiner Nase, und von jetzt an werden wir eine richtige Familie sein, und ich werde ein richtiger Vater sein.«

April versuchte ein Lächeln, es kam aber nur ein weiterer Schluckauf.

»Was hältst du davon, wenn wir ans Meer ziehen, um in der Nähe von Granny Apples zu sein? Wir können uns ein schönes Häuschen suchen, und du könntest auf eine der Schulen dort gehen, die so nett aussehen.«

»Und was ist mit deinem Job an der Uni?«

»Den werde ich kündigen«, sagte er. »Ich dachte mir … ich könnte mich an einer der Unis da unten bewerben. An einer Uni suchen sie Leute, die an der Entwicklung einer kompostierbaren Alternative zu Plastik mitarbeiten.«

»Darin bist du bestimmt gut.« April dachte daran, wie klug er war, dann tätschelte sie ihm den Arm. »Dann machst du was.«

»Und wir können mehr Zeit miteinander verbringen«, sagte er, und als er sie anlächelte, funkelten seine Augen wie Sterne. »Versprochen.«

April schaute ihn an und sah, dass das nicht nur Worte waren. Es lag all das Unaussprechliche darin, das Worte zu etwas Besonderem macht, und ihre Laune hob sich sofort. Bei Granny Apples am Meer zu wohnen, klang herrlich, und auch wenn ihr Magen sich wie Blei anfühlte bei dem Gedanken, ohne Bär aus der Arktis wegzufahren, so fuhr sie doch wenigstens mit einem richtigen Vater.

»Wenn wir das nächste Mal nach Spitzbergen fahren, schicke ich dir Fotos«, sagte Tör.

Sie hatte gar nicht bemerkt, dass er auch da war. Sie sah bestimmt schlimm aus. Rotgesichtig, verheult und verrotzt. Aber das war ihr egal.

»Echt?«

»Klar«, sagte Tör. »Ich schicke dir so viele Fotos, wie du willst. So viele, dass du dir daraus eine Tapete machen kannst.«

»O ja«, sagte April. »Das wär toll.«

»Und vielleicht kannst du eines Tages zurückkommen«, sagte Tör und strahlte sie mit seinen blauen Augen an.

»Ganz bestimmt«, sagte sie. »Ich komme auf jeden Fall zurück. Und wenn ich alt genug bin, ziehe ich hierher und arbeite im Polarinstitut.«

»Irgendwie«, sagte Tör, »glaube ich dir das sogar.«

»Irgendjemand«, sagte April, richtete sich zu ihrer vollen Größe auf und schaute aufs Meer hinaus, »muss die Eisbären ja retten.«

Und dann öffnete sie den Mund und brüllte.

Und weil sie gelernt hatte, ein echtes Eisbärbrüllen auszustoßen – nicht nur ein Kleinmädchenbrüllen –, und weil sie sich das beste Brüllen bis zuletzt aufgehoben hatte, flog es tanzend über das Wasser bis nach Spitzbergen.

Bär wartete immer noch am Ufer. Wie ein prächtiger weißer Hengst stand er auf den Hinterbeinen. Er spitzte die Ohren. Seine Nase zuckte, und seine Augen tränten, vom Wind oder von etwas anderem. Als ihr Brüllen schließlich über die Wellen hüpfte und die Insel erreichte, landete es direkt vor seinen Füßen. Er blieb einen Moment stehen und wurde von dem Brüllen in eine letzte April-Umarmung gehüllt. Es war die größte und beste Umarmung von allen. Dann ließ er sich auf alle viere sinken und sprang davon in sein neues Leben.

ENDE

Anmerkungen der Autorin

Als ich mich daranmachte, *Der letzte Bär* zu schreiben, hatte ich eine simple Idee im Kopf: Ich wollte über all das schreiben, was ich am meisten auf der Welt liebe. Ich wollte also über Tiere schreiben, vor allem über große knuddelige, über die besondere Freundschaft, die Menschen, vor allem Kinder, mit ihnen verbindet, und über die tiefe Liebe, die zwischen ihren Herzen und unseren geschmiedet werden kann.

Außerdem sollte meine Leidenschaft für die Erde in das Buch einfließen – und zwar nicht nur, weil sie spektakulär und großartig ist (was offensichtlich ist), sondern auch, weil sie unseren Schutz braucht und jeder und jede, ob groß oder klein, Hoffnung wecken und etwas verändern kann. Und angesichts der Weltereignisse der jüngsten Zeit erscheint es wichtiger denn je, dass es Bücher voller Herzenswärme und Güte gibt.

Ich möchte unbedingt betonen, dass *Der letzte Bär* ein fiktionales Werk mit ein paar hier und da eingestreuten Fakten ist. Als Erstes tauchte Bär in meiner Fantasie auf. Plötzlich guckte er mich mit seinen dunklen Schokoladenaugen und einem kläglichen, bittenden Ausdruck an. Es war mir schon immer unmöglich, Tiere zu ignorieren, vor allem so prächtige, majestätische und großherzige wie Bär. Er hatte eine Geschichte zu erzählen, und offensichtlich war ich dazu auserkoren. Da ich zu der Zeit nicht sehr viel über Eisbären wusste, setzte ich mich erst mal hin und recherchierte. Als Erstes musste ich herausfinden, wo Bär leben sollte.

Ich kniete in meinem Schlafzimmer über einer Karte vom nördlichen Polarkreis, als ich eine winzige Insel in der Barentssee entdeckte.

Die Bäreninsel.

Ich habe tatsächlich laut gequiekt, denn einen besseren Schauplatz konnte es für meine Geschichte ja gar nicht geben. Und als ich mehr über die Geschichte der Insel herausfand und darüber, dass dort seit acht langen Jahren keine Eisbären mehr gesichtet wurden, da war Aprils verzweifelte Mission, Bär zurück nach Spitzbergen zu bringen, auf einmal die einzig wahre Geschichte, die erzählt werden musste.

Die echte Bäreninsel ist so ähnlich, aber nicht genauso wie in diesem Buch beschrieben. Ihre Lage und Abmessungen sind gleich, und es stimmt auch, dass sie bis auf eine Wetterstation unbewohnt ist. Doch auf der echten Bäreninsel wird die Wetterstation von einem elfköpfigen Team betrieben, nicht nur von Vater und Tochter. (Und ich bin mir auch ziemlich sicher, dass ihre Methoden, das Wetter zu messen, sehr viel wissenschaftlicher sind, als ich es geschildert habe!) Jedes fiktionale Werk muss das Setting um die Geschichte herum formen, daher habe ich mir bei der Topografie der Insel und ein paar anderen Aspekten einige Freiheiten erlaubt. Eine Walrossbucht gibt es tatsächlich – die habe ich nicht erfunden –, und obwohl die Bäreninsel so abgelegen ist, wird dort erstaunlich viel Plastik an die Strände gespült. Ansonsten sind alle Fehler meine eigenen, und ich bitte schon im Voraus um Entschuldigung.

Und natürlich habe ich mir auch bei der Beschreibung von Bär ein paar Freiheiten herausgenommen. In Wirklichkeit sind Eisbären, auch wenn sie kuschelig aussehen, sehr gefährliche wilde Tiere, und ich würde niemandem empfehlen, sich mit einem von ihnen anzufreunden.

Doch Eisbären sind in gewisser Hinsicht etwas ganz Besonderes. Sie werden oft als Paradebeispiel für den Klimawandel genannt – denn da sich die Arktis doppelt so schnell erwärmt wie der restliche Planet, haben sie die traurige Hauptlast zu tragen. Noch trauriger ist die Nachricht, dass die Weltnaturschutzunion IUCN bis zum Jahr 2050 einen starken Rückgang der Eisbärpopulation voraussagt.

Wie sehr und wie schnell die Meereisflächen schmelzen, ist unter Wissenschaftlern umstritten. Das liegt daran, dass sie sich mit den Jahreszeiten ausdehnen und zurückziehen und nicht leicht zu messen sind. Doch Satellitenaufzeichnungen der NASA über einen Zeitraum von zweiundvierzig Jahren zeigen, dass die Arktis etwa dreieinhalb Millionen Quadratkilometer Meereis eingebüßt hat. Laut einer anderen Statistik beträgt der Rückgang mehr als dreizehn Prozent pro Dekade, wovon die Region um Spitzbergen und die Barentssee am stärksten betroffen sind.

Im Jahr 2019 wurde ein einzelner Eisbär auf der Bäreninsel gesichtet, und das war wirklich außergewöhnlich, denn da die Eisschmelze in der Arktis voranschreitet, werden die Eisbären die Insel, die ihren Namen trägt, in Zukunft nicht mehr erreichen können. Leider ist dadurch auch Bärs Zufluchtsstätte auf Spitzbergen bedroht.

All das würde ziemlich deprimierend klingen, gäbe es nicht so viele mutige und kämpferische Kinder. Als ich dieses Buch schrieb, waren die meisten Kinderbücher über den Klimawandel Dystopien. Aber ich glaube, dass es noch nicht zu spät ist, und deshalb wollte ich eine Geschichte über ein Mädchen schreiben, das, obwohl es sehr klein ist, etwas Großes bewirken kann. Man muss nicht wie April auf eigene Faust einen Eisbären retten (das würde ich auch nicht empfehlen!), aber ich hoffe, dieses Buch bestärkt alle Leserinnen und Leser in dem Glauben, dass sie auch helfen können.

Und wenn ihr euch, so wie ich, in Bär verliebt habt, dann könnt ihr den Eisbären und unserem wunderschönen Planeten am besten dadurch helfen, dass ihr den Klimawandel bekämpft.

Wenn wir nur laut genug brüllen, können wir etwas bewegen.

Viele eisbärige Grüße,
Hannah xxx

Quellen

Hier schließlich einige Quellen, die ich für meine Recherchen genutzt habe und die euch vielleicht auch interessieren.

Über den Schutz der Eisbären könnt ihr mehr erfahren bei Polar Bears International, einer gemeinnützigen Organisation, die sich für die Rettung der Eisbären und ihrer Heimat einsetzt. Hier findet ihr Artikel, neue Studien und viele Geschichten über Eisbären:

www.polarbearsinternational.org

Hier kann man erfahren, was der World Wild Fund For Nature (WWF) tut, um Eisbären und anderen bedrohten Arten zu helfen, und wie ihr mithelfen könnt:

https://www.wwf.de/

Das Polarinstitut gibt es wirklich, und hier könnt ihr mehr darüber erfahren:

www.npolar.no/en/

Auf der Website findet man nützliche Informationen über die Bäreninsel, außerdem Fotos von der Wetterstation und der Walrossbucht Kvalrossbukta. Hier könnt ihr sie euch auch anschauen:

www.spitsbergen-svalbard.com/spitsbergen-information/islands-svalbard-co/bjornoya.html

Danksagung

Nie werde ich die erste Begegnung mit dem HarperCollins-Team in dem todschicken Londoner Verlagsbüro mit Blick auf die Themse vergessen. Als wir die Begrüßung hinter uns gebracht hatten und an einem Arbeitsplatz inmitten der wundervollsten Bücher wahnsinnig berühmter Autorinnen und Autoren saßen, fragten sie, was mich zu diesem Buch inspiriert habe, und sofort brach ich in Tränen aus.

Ich erzählte, dass mir die Figur des Eisbären nach einer sehr schweren Zeit meines Lebens eingefallen sei und mir deshalb so sehr am Herzen liege. Darauf blieb es eine Weile still, und vermutlich sahen alle einander an. »Ach so«, sagten sie schließlich. »Deshalb ist er auch so besonders.«

Da wusste ich, dass sie nicht nur für Bär, sondern auch für mich die perfekte Heimat sind.

Deshalb ein Bärenbrüll-Dank an das gesamte wunderbare Team von HarperCollins Children's Books UK. An Ann-Janine Murtagh, Nick Lake, Samantha Stewart, Val Braithwaite, Alex Cowan, Jo-Anna Parkinson, Tina Mories, Carla Alonzi, Victoria Boodle, Kirsty Bradbury, Elorine Grant, Laure Gysemans und Bethaney Maher. Und ein unendlicher Dank an Levi Pinfold für ein Cover, das mir den Atem verschlug. Du hast Bär mit so viel Herz, Liebe und Detailtreue zum Leben erweckt. Und ich fühle mich wie der glücklichste Mensch der Welt.

Ich danke aus tiefstem Herzen meinen beiden großartigen Lektorinnen auf beiden Seiten des Atlantiks, Erica Sussman und Harriet Wilson. Ich bin so dankbar für eure unerschütterliche Unterstützung, eure Liebe zu Bär und euren Glauben an mich. (Ich kann das alles immer noch nicht so ganz fassen!)

Und ein Dank an meine Traumagentin Claire Wilson: Du hast mit einer einzigen freudigen Mail mein Leben verändert. Ich bin so glücklich, dich jetzt und zukünftig an meiner Seite zu wissen. Du bist ganz einfach die Beste.

Außerdem danke ich in loser Reihenfolge Tamsyn Murray, die das Buch als Erste gelesen und mich darin bestärkt hat, dass ich auf dem richtigen Weg bin. Sophie Hannah für ihr hervorragendes Dream Author Programme und ihre Weisheit. Der allerbesten Freundin Alison Puro dafür, dass du da warst, als damals in London das erste Wort geschrieben wurde, für die Ermutigung zu schreiben vor langer Zeit und dafür, dass du in DER Woche meine Hand gehalten hast. Ein Dank auch an alle im sehr besonderen Soul Sanctuary. An Marie, Monica und Sarupa, die mir geholfen haben zu glauben. An meine lieben Freundinnen – Amanda, Rachel, Eloise, Donna, Flojo, Sarah H und Keidi –, die für mich da waren und den Funken in mir gesehen haben, als ich es selbst nicht konnte. An Team Frashnah – Fran Gibbons und Aisling Fowler –, was für ein Spaß, dieses Abenteuer mit euch zu teilen. An Gillian Gamble – du weißt schon, warum! An die Debut-20-Gruppe auf Facebook, die ich irgendwie infiltriert habe. Und schließlich an alle, die Bär angefeuert haben, seit ich zum ersten Mal von ihm gesprochen und dann nicht mehr damit aufgehört habe. Eure Energie hat sich auf ihn übertragen. Euer Brüllen hat ihn zum Brüllen gebracht.

Natürlich muss ich auch meine Eltern erwähnen, die immer an mich geglaubt haben, die mich auf mehr als eine Weise unterstützt haben und die, als ich eine Agentin gefunden hatte, sagten: »Wir haben immer gewusst, dass du es schaffst«, und die einfach die beste Mum und der beste Dad auf der ganzen weiten Welt sind. In unserer Familie machen wir keine großen Worte, aber ich liebe euch wirklich. Ein besonderer Dank gilt auch meinem Bruder Jonathan, seiner Freundin Nicki, meinem begabten Schwager Peter, der mir immer sagt: »Das ist erst der Anfang« (hoffentlich, denn ich habe noch so viele Geschichten im Kopf!), meinem wunderbaren Stiefsohn Connor, meinen Tanten und Onkeln auf beiden Seiten, auch der von Chris, und unserer adoptierten amerikanischen Familienfreundin Marilyn McKnight.

Ich danke auch allen, die nicht mehr da sind und die mir von der anderen Seite zujubeln – meine Großeltern und mein geliebter Schwiegervater. Und weil es meine Geschichten ohne meine Tierliebe nicht gäbe, danke ich auch meiner süßen Katze Gremmie für alle kuschligen Streicheleinheiten und Arthur, unserer Schildkröte, der mir hilft, das Leben nicht ganz so ernst zu nehmen. Vor allem, wenn ihm Salat aus dem Maul hängt.

Würde ich meinen Mann nicht erwähnen, würde er vermutlich nie wieder ein Wort mit mir reden, deshalb ein Riesen-Riesen-Dank an meinen Seelenverwandten Chris. Dass ich dich unter dem Orangenbaum kennengelernt habe, war das Beste, was mir je passiert ist (und ist eine Geschichte für sich), und auch wenn nicht alles so gekommen ist, wie wir es uns gewünscht haben, weiß ich, dass unser Leben dadurch noch grenzenloser und reicher ist. Du bist mein größter Fürsprecher und Cheerleader, und ich finde es toll, dass du, obwohl du das Buch nicht gelesen hast, jedes Mal ganz ergriffen bist, wenn du Bärs Geschichte erzählst. Du bist der beste Mann, den ich mir wünschen könnte.

Natürlich kann ich diese Zeilen nicht schreiben, ohne mich bei Bär zu bedanken. Es klingt vielleicht seltsam, meiner Hauptfigur zu danken, aber dass er mir seine Geschichte anvertraut hat, war das schönste Privileg, das ich je hatte, nicht nur als Autorin, sondern auch als Mensch.

Du bist in meinem Herzen gewachsen und hast die Lücke geschlossen, von der ich nicht einmal wusste, dass es sie gab. Jetzt bist du draußen in der großen, weiten Welt, und ich hoffe, meine Leserinnen und Leser schließen dich genauso ins Herz wie ich. (Aber gebt ihm bitte nicht zu viel Erdnussbutter, okay?) Du stehst nicht nur für einen einzelnen Bären, sondern für Eisbären überall, die unsere Liebe und unseren Schutz mehr denn je brauchen. Du zeigst uns, dass die Verbindung zwischen

Mensch und Tier nur einen Herzschlag weit entfernt ist.

Und ich hoffe wirklich sehr, dass er nicht der letzte Bär ist.

Ein Buch ist niemals das Verdienst einer einzelnen Person, deshalb danke ich zum Schluss noch all den tollen Blogger*innen, Buchhändler*innen, Lehrer*innen, Bibliothekar*innen und anderen begabten Autor*innen, die eine frühe Fassung gelesen haben und von deren Lob mir ganz schwindelig wurde. Euch allen schulde ich Dank, weil ihr dabei geholfen habt, meinen Bären freizulassen, und dazu beitragt, dass er etwas bewegen kann.

Und schließlich Dank an meine lieben Leser*innen, für euch ist dieses Buch ja bestimmt! Wir leben in einer sich schnell wandelnden Welt, und manchmal kann das beängstigend sein. Aber ich hoffe, dass Aprils Geschichte euch Kraft gibt, ich hoffe, dass ihr weiterhin die Schönheit unseres Planeten seht, und ich danke euch aus tiefstem Herzen dafür, dass ihr mein Buch lest.

Das bedeutet mir sehr, sehr viel.

Die Ursachen der Klimakrise

Es gilt als wissenschaftlich gesichert und durch Studien gut belegt, dass der Mensch die Klimakrise verursacht. 97 Prozent der Klimaforscher*innen sind davon überzeugt. Klimaschwankungen sind in der Erdgeschichte nicht neu. Frühere Klimaänderungen gingen aber so langsam vor sich, dass Tiere und Pflanzen genug Zeit hatten, sich an die neuen Bedingungen anzupassen.

Heute sind wir mit einer sehr schnellen Erhitzung konfrontiert. Der Temperaturanstieg zwischen 1880 und 2019 liegt bei knapp über 1 Grad Celsius. 2020 und 2016 waren mit minimalen Temperaturunterschieden die beiden wärmsten Jahre seit Beginn der systematischen Messungen im Jahr 1880. Klimaforscher*innen gehen davon aus, dass die globale Durchschnittstemperatur bis zum Jahr 2100 um 1,5 bis schlimmstenfalls fast 5 Grad Celsius ansteigen kann.

© Bernd Roemmelt / Greenpeace

Grund dafür ist unsere moderne Lebensweise in den Industriegesellschaften. Die Verbrennung von Kohle, Gas und Öl, die Abholzung von Wäldern und die industrielle Intensivtierhaltung verursachen hohe Treibhausgasemissionen.

Für unsere Maschinen, Fabriken, Autos, Flugzeuge, Computer, Handys und E-Scooter fördern wir Bodenschätze zutage, die in Hunderten Millionen Jahren entstanden sind. Wir verbrennen Kohle, Öl und Gas in großen Mengen und setzen damit das Klimagas Kohlendioxid (CO_2) frei. Dieses gelangt in die Atmosphäre und verstärkt den natürlichen Treibhauseffekt.

Gletscher – Die »Fieberthermometer der Erde«

Wie stark sich das Klima wandelt, bezeugen am deutlichsten die abtauenden Pole, schmelzende Gebirgsgletscher und der steigende Meeresspiegel. In der Arktis wirkt sich die Erderhitzung besonders dramatisch aus. Das Eis ist in den vergangenen Jahren rasant geschmolzen. Viele Inuit mussten mit ihren Dörfern bereits vom brüchigen Rand des Packeises ins Inland umziehen. Auch viele Tier- und Pflanzenarten sind bedroht. Der Eisbär zum Beispiel braucht das Packeis, um Robben zu jagen. Besonders sorgen sich Wissenschaftler*innen um den Eisschild der arktischen Insel Grönland. In den vergangenen Jahren waren dort immer größere Flächen von der Schmelze betroffen.

Meeresspiegelanstieg

Durch das Tauen der Pole und Gletscher fließen große Mengen Schmelzwasser in die Ozeane. Dadurch steigt der Meeresspiegel langsam an. Außerdem dehnt sich Meerwasser aus, wenn es wärmer wird. Um 19,5 Zentimeter hat sich der Meeresspiegel zwischen 1901 und

2015 erhöht. Bis zum Jahr 2100 könnte er um fast einen Meter ansteigen, befürchten Expert*innen. Somit sind auch Metropolen wie Hamburg, New York und Schanghai von den steigenden Meeren bedroht.

Was machen:

Informiert Familienmitglieder und Freund*innen über die Ursachen der Klimakrise. Berücksichtigt dabei, dass einige Menschen gar nichts über die Klimakrise hören wollen. Diskutiert in der Klasse: Welche Gründe könnten sie haben? Wie könnte man sie trotzdem für die Klimakrise interessieren? Entwickle Ideen für Wettbewerbe oder überlege, was du an deiner eigenen Schule oder in deiner Freizeit zum Klimaschutz machen kannst.

Zehn Energiespartipps, die wirklich was bringen fürs Klima

1. Strom vom unabhängigen Öko-Anbieter

Der Wechsel ist ganz einfach – und bringt enorm viel für das Klima. Ein durchschnittlicher Drei- bis Vier-Personen-Haushalt kann dadurch im Jahr bis zu 1,9 Tonnen CO_2 einsparen.

2. Mit Fahrrad, Bus oder Bahn zur Arbeit

Wer pro Tag rund 20 Kilometer Arbeitsweg zurücklegt, spart bei einem PKW-Durchschnittsverbrauch von fünf Litern auf 100 Kilometer rund 400 Kilogramm CO_2 im Jahr.

3. Weniger Fleisch auf dem Teller

Wer sich ausgewogen und fleischreduziert ernährt, erspart dem Weltklima einiges an CO_2, bei vegetarischer Ernährung sogar 300 bis 400 Kilogramm im Jahr. Weniger Milchprodukte zu verzehren, kommt dem Klima zusätzlich zugute.

4. Kurzstreckenflüge canceln

Am besten gar nicht fliegen, und: Ein einziger Hin- und Rückflug Hamburg – Berlin verursacht durchschnittlich 246 Kilogramm CO_2. Die Bahnfahrt dauert länger, ist aber viel umweltfreundlicher.

5. Bio aus der Region ins Körbchen

Beim Bioanbau wird nur etwa die Hälfte der Energiemenge benötigt, welche die konventionelle Landwirtschaft braucht. Bei langen Transportwegen entstehen außerdem überflüssige Emissionen: Eine Mahlzeit von Spargel aus Chile verursacht allein durch den Transport ein Vielfaches an CO_2-Ausstoß als Spargel aus der Region zur Spargelzeit.

6. Heizung runterdrehen

Niemand soll im Kalten sitzen! Aber die Absenkung der Raumtemperatur um nur 1 Grad senkt die CO_2-Emissionen eines Vier-Personen-Haushalts pro Jahr beachtlich. Generell ist es klimafreundlicher, die Durchschnittstemperatur in der Wohnung auf 18 Grad zu senken.

7. Volle Maschine, niedrige Temperatur

Erst mal überlegen: Muss das Kleidungsstück wirklich schon in die Wäsche, oder reicht Lüften? Die Vorwäsche weglassen und grundsätzlich mit höchstens 60 Grad waschen. Die meiste Wäsche wird auch bei 40 Grad sauber. Wäsche anschließend nicht in den Trockner, sondern auf die Leine.

8. Energiefresser im Laden lassen

Wer Neuanschaffungen macht, sollte auf die Energieeffizienz der Geräte achten: Nicht immer ist das billigste Gerät auf Dauer auch das preisgünstigste. Einsparungen bis zu 50 Prozent sind möglich!

9. Bye-bye Standby

Standby-Schaltungen sind praktisch, weil man nicht mehr vom Sofa runter muss, um Fernseher oder Stereoanlage einzuschalten. Aber die Geräte verbrauchen auch in diesem Zustand Energie – oft unnötig viel. Geräte, die keinen Aus-Knopf haben, sollten an eine schaltbare Steckerleiste angeschlossen werden. So lassen sich pro Haushalt bis zu 300 Kilogramm CO_2 pro Jahr sparen.

10. Aus zweiter Hand kaufen

Es muss nicht immer neu sein – viele Kleidungsstücke und Gegenstände werden nach kurzer Zeit weggeschmissen, obwohl sie noch gut erhalten sind. Wer Gegenstände und Kleidung lange nutzt und secondhand kauft, tut nicht nur dem Geldbeutel einen Gefallen, sondern auch dem Klima. Denn auch die Herstellung von Konsumgegenständen verbraucht eine Menge Energie. Wer Energie sparen will, sollte nicht nur den Computer nach der Nutzung ausschalten, sondern auch weniger Kleidung, Elektrogeräte und Co. neu kaufen.

Greenpeace

Greenpeace wurde 1971 gegründet und ist zurzeit in 55 Ländern vertreten. Greenpeace klärt auf, recherchiert und konfrontiert. Die Organisation vertritt dabei die Interessen der Natur und der umweltbewussten Menschen in Politik und Gesellschaft. Dabei geht sie Probleme hartnäckig an – auch gegen Widerstände und über längere Zeiträume. Bei Greenpeace arbeiten in Hamburg und Berlin insgesamt 380 Menschen. Daneben machen Kinder, Jugendliche und Erwachsene auf freiwilliger Basis in Gruppen oder in Schulen mit.

Dr. Dietmar Kress

https://www.greenpeace.de/

GREENPEACE

Ihr möchtet noch weitere Informationen zu diesem Thema erhalten?
97 % der wissenschaftlichen Arbeiten zum Thema Erderwärmung und Klimaschutz stimmen darin überein, dass die Temperatur der Erde steigt und der Mensch

ein wesentlicher Verursacher dieser Veränderungen ist. Auch die NASA hat Studien zusammengestellt, die diese Vermutung belegen.

https://climate.nasa.gov/scientific-consensus/

https://act.greenpeace.de/faktencheck